# Kritische massa

Van dezelfde auteur:

De toekomst hervonden

# Kritische massa

Schrijven over muziek

Omar Muñoz Cremers

γ

Uitgegeven door Factor

Copyright © 2016 Omar Muñoz Cremers

ISBN/EAN: 978-94-92049-04-9

Eerder in verschillende versies verschenen op Myjour

Omslagfoto: Franck Camhi/Shutterstock.com

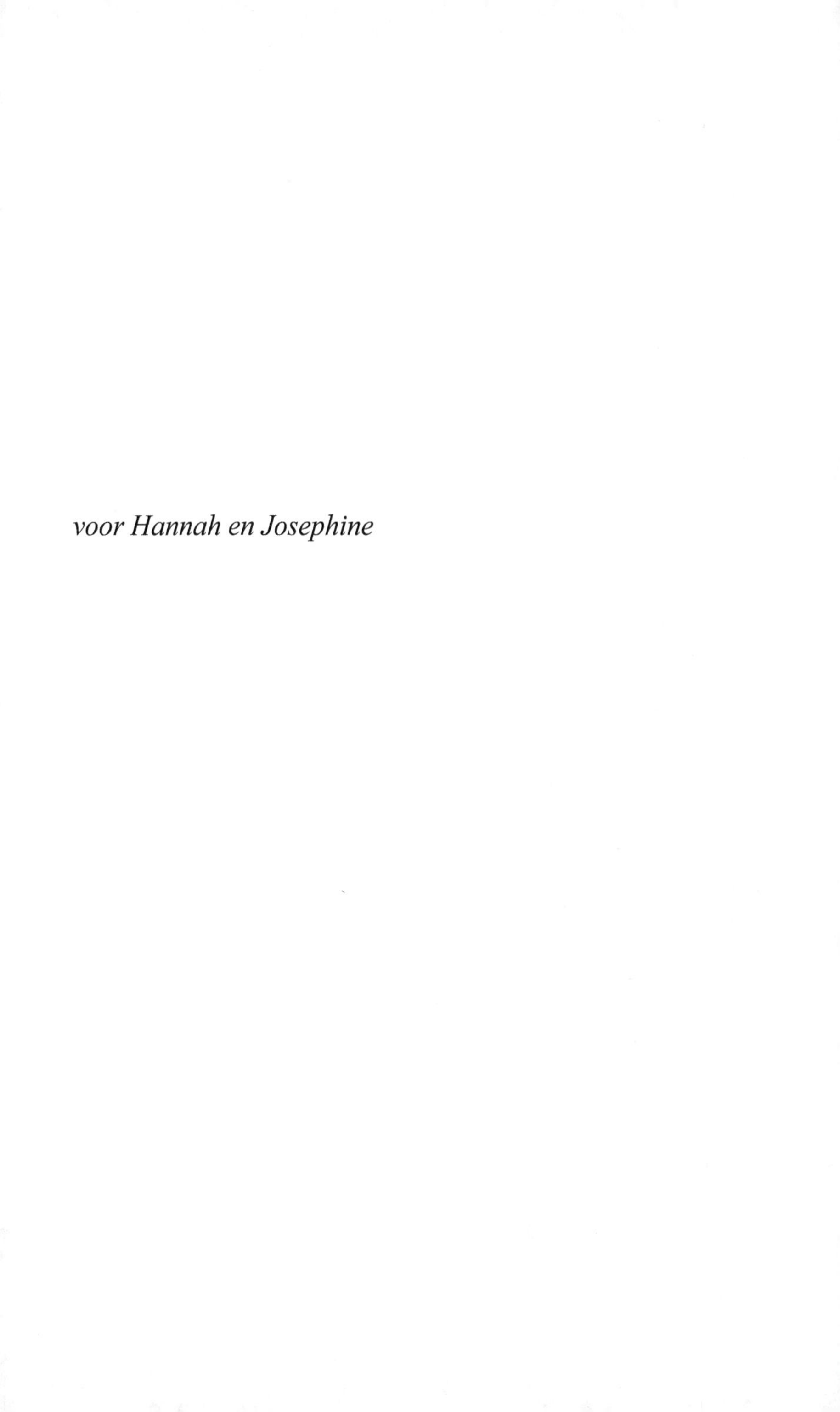

*voor Hannah en Josephine*

# Inhoudsopgave

# Introductie

An age that has no criticism is either an age in which art is immobile, hieratic, and confined to the reproduction of formal types, or an age that possesses no art at all.

Oscar Wilde – *The Critic as Artist*

Aan het begin van haar boek *Glittering Images* (2012) stelt kunsthistorica Camille Paglia dat het moderne leven een zee van beelden is die ons, dankzij overal aanwezige communicatietechnologie, dreigt te overspoelen. Leren om op kalme wijze beelden te duiden, is volgens haar van essentieel belang omdat dat wapent tegen continue afleiding, het grondt de identiteit. Hetzelfde geldt voor muziek. De twintigste eeuw vormde een lang crescendo dat werd gevormd door verschillende technologieën die stemmen, muziek en het geluid van bewegende (machine)delen versterkten en verspreiden. Dankzij popcultuur, film en reclame is muziek permanent aanwezig. Met de opkomst van internet is de intensiteit alleen maar toegenomen. De effecten van deze digitale intensivering beginnen de laatste jaren duidelijke sporen achter te laten in zowel de productie als consumptie van muziek. Een cruciale verschuiving heeft plaatsgevonden van muziek die wordt verspreid door fysieke dragers (vinyl, cassette, cd) naar pure digitale informatie in de vorm van mp3's en streaming. Deze verschuiving heeft niet alleen gezorgd voor een grotere toegankelijkheid van muziek, het resulteert ook in kwalitatief minderwaardige audio. Daarnaast zijn de inkomsten van artiesten onder druk komen te staan. Als antwoord op deze veranderingen heeft de muziekindustrie zijn verdienmodellen aangepast waardoor het optreden een belangrijkere inkomstenbron is geworden, wat zich vertaalt in hogere entreeprijzen en een wildgroei aan festivals. Op een bepaalde manier vormt dit een onverwachte terugkeer naar de situatie van de jaren veertig van de vorige eeuw waar het optreden voor de muzikant centraal stond. Een positieve interpretatie zou vervolgens concluderen dat hiermee de authentieke muzikant terugkeert ten koste van de artificiële studioproducer en zijn playbackende poppen. Alleen zijn optredens nu veel technologischer en vaak tot in de kleinste details voorgeprogrammeerd. Het verschil met een studio-opname wordt steeds kleiner. Een schadelijker effect is het gebrek aan vernieuwing dat de digitalisering heeft veroorzaakt. Platenmaatschappijen hebben het afgelopen decennium minder geïnvesteerd in nieuwe artiesten en proberen extra inkomsten te genereren met cycli van heruitgaven uit het archief. De geschiedenis oefent een wurgende greep uit op jonge artiesten die geen kans krijgen om rustig een eigen stijl te ontwikkelen.

Tegelijkertijd is het schrijven over muziek veranderd. De eerste jaren van het internet (de tijd van muziekspelers als Winamp en Realplayer) leidden tot innovatieve manieren om over muziek te schrijven die vaak de afstand tussen muzikant, criticus en luisteraar verkleinden. Men startte blogs die vergeten platen en genres deden herleven of ontwikkelde experimentele stijlen die niet door een beperking van het aantal pagina's of de conventies van het interview werden tegengehouden. Tijdschriften werden opgericht die de nieuwe mogelijkheden van internet verkenden en bijvoorbeeld audio op directe wijze combineerden met tekst en beeld. Die periode van enthousiasme ligt inmiddels achter ons. Een van de redenen voor de teruggang is dat na de eerste verkenning geen brede professionalisering heeft plaatsgevonden. Tekst is overal maar kreeg online nooit de juiste economische waarde toebedeeld. Veel van de vroege initiatieven hebben zich daardoor niet verder weten te ontwikkelen. Om toch inkomsten te genereren is een chaotische tekst ontstaan. Iedereen herkent het wel: de tekst met een *clickbait*-titel, waar na enkele alinea's een reclamebanner volgt (die vaak suggereert dat het einde van het artikel al is bereikt) waarna een ingebedde Spotify-playlist of YouTube-video de aandacht definitief verstrooit.

Het is een manier van schrijven die aan de lezer geen ruimte laat voor het verzinken in een gedachte, een manier van schrijven die een flikkerende leeservaring oplevert. Die geen respect heeft voor de schrijver en de lezer, van wie men blijkbaar verwacht dat deze een aandachtspanne van een amoebe bezit.

In eerste instantie waren de teksten waaruit *Kritische massa* is samengesteld bedoeld als een alternatief voor dit onrustige online lezen: puur tekst zonder onderbrekingen. Wie de muziek wil luisteren, opent Spotify zelf wel in een ander tabblad. In boekvorm kennen we deze onrustige tekst niet, al pik je steeds vaker de klacht op dat de rust niet kan worden gevonden om zoveel te lezen als men ooit deed. Maar er was een tweede reden waarom deze reeks is geschreven: onvrede over de huidige staat van de popkritiek. Kritiek is hier niet bedoeld als synoniem van negativisme, maar als een positieve methode waarmee men op systematische wijze een werk analyseert, een vervolmaking van het kunstwerk door het leggen van connecties met andere kunstwerken en teksten. In dit proces maakt de criticus, met gebruik van eigen inzichten en een persoonlijke stijl, zoiets als een nieuw kunstwerk. Omdat het niet pure fictie is en toch zeer persoonlijk, vormt het traditioneel een werk met een onzekere status. Tegelijkertijd is kritiek gevulgariseerd tot de negatieve recensie, de zoektocht naar fouten. Het is mijn overtuiging dat het schrijven over popmuziek een vorm van kritiek kan zijn waarin het samenspel van muziek en tekst intrigerende ideeën en connecties produceert over allerlei aspecten van het moderne leven. Deze vorm van kritiek is in Nederland vrijwel afwezig. Schrijven over muziek is een soort alternatieve vorm van financiële journalistiek geworden met buitenproportionele aandacht voor de zakenkant van de muziekindustrie die volstrekt oninteressant is voor de buitenstaander en muziekliefhebber. De bovengenoemde verschuiving van inkomsten betekent ook dat er meer dan ooit aandacht wordt besteed aan nieuws rond de legaliteit en inkomsten van streaming naast de programmering van festivals. Onderwerpen die niets wezenlijks toevoegen aan muziek. Wanneer over oude albums wordt geschreven, is dat primair vanuit een commercieel oogpunt: de zoveelste special edition heruitgave of jubileum.

*Kritische massa* is geschreven tegen het idee van "de aanleiding", urgentie in marketingtaal. De meeste albums die hier worden geanalyseerd, zijn binnen een half uur voor de platenkast geselecteerd omdat ik de behoefte voelde om er over te schrijven, niet omdat ze exact tien of twintig jaar geleden zijn verschenen. Vaak zijn het onderbelichte platen binnen een oeuvre, albums of artiesten die in het algemeen meer aandacht verdienen of genres waarvoor nog geen bevredigende kritische taal is gevonden. In eerder werk heb ik geopperd dat om de popmuziek en muziekkritiek weer in beweging te krijgen een (tijdelijk) embargo op schrijven over de canon moet worden overwogen. Maar waar legt men dan de grens? Het jaar 1977 heeft mij altijd een van de beste begrenzingen geleken. Punk als Jaar Nul. Ondanks dit streven heb ik het in de onderstaande selectie niet heel streng toegepast, al zijn de twee albums uit 1976 geenszins rockklasiekers. Jezelf ontdoen van een deel van de popgeschiedenis werkt verfrissend. Een gewicht valt van de schouders, er ontstaat zoiets als een persoonlijke, lichtvoetige geschiedenis. Wat niets afdoet aan de waarde van popmuziek uit de jaren vijftig en zestig. In deze periode werden de archetypen van de pop en rock gecreëerd: Elvis de oervader, The Beatles als goedlachse saters, Dylan als profeet, Hendrix als elektrische alchemist, The Doors als dionysische priesters, Brian Wilson als Messias van zon en melodie. De definitieve tekst die dit idee verbeeldt, is het boek *Rock Dreams* (1974) van Guy Peellaert en Nik Cohn. Na de jaren zestig volgt een periode van verstrooiing en worsteling met de archetypen die grotendeels nog steeds aan de gang is. De periode voor 1977 is ondertussen zo uitgebreid gedocumenteerd door middel van verschillende specialistische tijdschriften waar op de voorkant een kleine selectie canonieke muzikanten rouleert, rockumentary's, de Top 2000 en nieuwe artiesten die vaak zonder gêne de archetypen kopiëren, dat er geen enkele eer meer aan valt te behalen. Wat overblijft, is een herhaling van zetten.

*Kritische massa* is vanzelfsprekend geschreven voor de liefhebbers van de individuele platen of artiesten, maar ook voor een jonge generatie schrijvers als bewijs dat het anders kan. De rol van voorproever is voorbij. Tegenwoordig kan iedereen zelf heel efficiënt uitmaken welke muziek bevalt. Algoritmes en sociale netwerken zorgen ervoor dat je muziek direct krijgt toegespeeld waarvan de kans groot is dat deze daadwerkelijk in de smaak zal vallen. Welke rol speelt de criticus dan nog? Op welke autoriteit kan deze zich nog beroepen? De criticus zal iemand zijn die rust en betekenis brengt in de wild kolkende oceaan van geluid, iemand die stromen kan lezen en bewegingen duiden. Bovendien vindt hij/zij het belangrijk om dit te delen zodat iedereen over deze kennis beschikt. De criticus leert dieper en verder luisteren. Van centraal belang hierbij is interpretatie: het lezen, verwerken en verbinden van muziek op verschillende niveaus. De interpretatie is persoonlijk en grenzeloos. De vijfentwintig kritieken die volgen zijn maar vijfentwintig mogelijke interpretaties die op allerlei manieren kunnen worden uitgewerkt. Een aantal conventionele begrenzingen moet men daarbij negeren. De bedoelingen van de artiest zijn interessant maar hoeven geen leidraad te vormen, ze bezitten geen definitieve autoriteit. Muziek kan op allerlei manieren worden verbonden en gemijnd voor betekenis. Over-interpretatie is geen zonde: de connectie die juist *voelt*, is juist. Met de komst van het digitale domein dreigt muziek objectloos te worden, wat een verlies inhoudt voor de criticus. Muziek is de afgelopen eeuw vrijwel nooit alleen muziek geweest. Het is ook een object dat wordt gepresenteerd in een hoes die de sfeer stuurt en associaties aandraagt voor de muziek. Artiesten doen vaak, al dan niet bewust, kritisch voorwerk. Het enige wat wij hoeven te doen is luisteren en de muziek in ons leven weven.

# Muziek zonder ego
## Augustus Pablo – King Tubbys Meet Rockers Uptown (1976)

Jarenlang was dit meestal de eerste confrontatie met dubreggae: blazers lanceren met een melodie een baslijn die zich meteen naar de voorgrond begeeft. Een piano geeft kort antwoord. De melodie herhaalt zich maar wordt door echo's uit elkaar getrokken. Een gitaar komt op en verdwijnt terwijl de piano ritmisch meehamert en vervolgens wegebt. Subtiele percussie beweegt langs het audiospectrum, op verschillende snelheden door echo bewerkt. De beginmelodie keert halverwege terug en het proces herhaalt zich nog een keer waarbij de bassist zich een klein uitstapje veroorlooft en dan is 'Keep On Dubbing' afgelopen. Het is de eerste dosis dub, muziek die je voor de rest van je leven niet meer loslaat. Muziek die je instinctief begrijpt. Vreemd maar zachtaardig. Complex maar toegankelijk. 'Keep On Dubbing' opent *Kings Tubbys Meets Rockers Uptown*, een samenwerking tussen twee vriendelijke artiesten uit Jamaica: Augustus Pablo (geboren Horace Swaby), een kalme, magere rasta, die graag op zichzelf was en voornamelijk muziek maakte vanuit een spirituele behoefte en King Tubby (geboren Osbourne Ruddock), een nieuwsgierige en innovatieve geluidstechnicus. Kingston mag op dat moment een chaotische en gewelddadige stad zijn, beide persoonlijkheden lijken de situatie te negeren en dit hoor je terug in de muziek die is ontdaan van elke hint naar duisternis.

*Kings Tubbys Meets Rockers Uptown* is niet het resultaat van een tot dan toe gebruikelijke opnamesessie, waarbij een band in de studio door een producer wordt opgenomen en deze de resultaten vervolgens afmixt. Het album ontstaat dankzij een nieuw soort samenwerking. Augustus Pablo was op jonge leeftijd opgenomen in de muziekwereld van Kingston nadat Henry Chin-Loy hem in zijn platenzaak zag rondhangen met een melodica. Geïntrigeerd vroeg hij de jongen om een nummer op te nemen ('Iggy Iggy') en binnen de kortste keren groeide Pablo uit tot een veelgevraagd sessiemuzikant, onder andere op Chin-Loys revolutionaire album *Aquarius Dub* (1973). De melodica, een plastic blaasinstrument met een toetsenbord, werd zelden als serieus muziekinstrument beschouwd. Pablo wist er een uiterst karakteristiek geluid mee te produceren: hoge, wapperende noten die een vreemd vrolijk-melancholisch gevoel opriepen. Een van zijn labels waar hij muziek op uitbracht noemde Pablo Rockers naar het gelijknamige soundsystem van zijn broer

Garth. Tegelijkertijd werden de ritmes die Pablo speciaal ontwikkelde om zijn melodica in te verweven bekend als Rockers.

Rond dezelfde tijd begint Osbourne Ruddock naam te maken.
Van huis uit was Ruddock elektricien met een winkel voor de
reparatie van radio's en televisies. Zijn fascinatie met geluid
zorgde ervoor dat door hem gebouwde versterkers gretig aftrek
vonden bij de soundsystems die elkaar op feesten probeerden af
te troeven met de diepste bassen en het hoogste volume. In
1968 besloot Ruddock zelf een soundsystem samen te stellen.
Tubby's Home Town Hi-Fi zette een nieuwe standaard door
effecten als reverb en echo toe te voegen. Bovendien wist Ruddock nieuwe basfrequenties te ontginnen. Na een tijd te hebben
gewerkt voor producer Duke Reid kreeg Ruddock de kans om
zelf een studio te beginnen toen Byron Lee zijn Dynamic Studio vernieuwde met het oog op aanstaande opnamen van het
Rolling Stones album *Goats Head Soup*. Ruddock nam de 12-
sporen MCI mengtafel over en maakte dit tot het centrum van
zijn King Tubby's Studio. In het schimmige Waterhouse district
bij een onopvallende bungalow aangekomen, liep je—in de
gaten gehouden door een beveiligingscamera—langs een ijzeren
hek, door een aantal passages die leiden naar een binnenplaats
met een paar banken waar mensen konden roken (het was ten
strengste verboden om in de studio van de zeer nette Tubby te

roken.) Wie naar binnenging zag aan zijn rechterhand een kleine badkamer die tot cabine was omgebouwd om vocalen in op te nemen. Verderop lag een slaapkamer die diende als studio. Een deur bleef altijd op slot. Hierachter bevond zich de kamer waar Tubby, volgens de weinige ooggetuigen die toegang kregen, zijn enorme collectie jazzalbums bewaarde.

King Tubby was geen producer, hij hoefde zelf nooit muziek te maken. Begin jaren zeventig zorgde zijn faam als mixer van instrumentale versies van liedjes ervoor dat artiesten met muziek naar hem toe kwamen. Hij hoefde alleen te zorgen voor een nieuwe versie, de dubmix. Augustus Pablo omschreef de werksituatie als volgt:

You could mostly go a Tubby's an say, 'Tubbs you want work?', an if him say him ready you gone in deh - it was not really set out like no professional studio, you just used to go and check him any hours, day or night. Between me, Bunny Lee and Lee Perry we make the place get popular. Tubby's used to be a place where you just cut dub - it wasn't a studio as such, is like we make it a studio for us - through him buy him 4-track and everybody love how Tubbs mix.

Zo groot was de vraag naar Tubby dubs dat hij een uiterst efficiënte manier van werken ontwikkelde: hij luisterde een keer naar de te mixen track, na wat aanpassingen aan het paneel werd vervolgens de tape aangezet en mixte Tubby de nieuwe versie live. Dit is uiteindelijk een van redenen waarom *King Tubbys Meets Rockers Uptown* zo natuurlijk klinkt: op een niveau is de muziek geïmproviseerd. Er is niet in geknipt, achteraf zijn geen effecten toegevoegd en de muziek kent niet de wazigheid van Lee Perry's producties die technologische beperkingen op een andere manier gebruikte om een uniek geluid te verkrijgen.

King Tubby's MCI-mengpaneel is omgeven door legendes. Hij zou het mengpaneel met zijn elektrotechnische vaardigheden compleet hebben herbouwd waardoor het een gepersonaliseerde effectmachine werd. Reggae in de jaren zeventig is nooit zo diepgravend bestudeerd als andere vormen van popmuziek. Hierdoor kent het nog steeds een eigen mythologie, soms geholpen door Lee Perry's mystieke uitspraken over de relatie tussen technologie en muziek. Daarnaast bestaat er bijna geen beeldmateriaal van de eerste soundsystems of producers die aan het werk zijn. Zonder YouTube-archeologie blijft deze periode altijd toebehoren aan de verbeelding, onzeker en ongrijpbaar. Een mystificatie die zonder twijfel aantrekkelijk is, al kan de realiteit net zo interessant zijn. Inmiddels is duidelijk dat het MCI-paneel in goede staat werd overgenomen en Tubby in eerste instantie alleen de schuiven verving zodat hij betere controle kreeg. Het apparaat werd niet zozeer op maat verbouwd als door de jaren heen gerepareerd. Zelfs de beroemde hi-pass filter met bijnaam Big Knob, waarmee Tubby de bas op verschillende frequenties kon laten verdwijnen, maakte al onderdeel uit van het paneel. Het grote voordeel was dat niemand meer beschikte over deze vroege versie van het mengpaneel (het bevindt zich overigens nu in het EMP Museum in Seattle.) Prince Jammy, een van zijn leerlingen, gaf op subtiele wijze aan waarom zijn leraar zo goed was: het waren niet zozeer Tubby's technische aanpassingen die voor een uniek geluid zorgden, als wel zijn vergaande kennis van geluidstechniek waardoor hij als geen ander het paneel compleet begreep en het potentieel volledig wist uit te buiten. King Tubby wordt vaak omschreven als uiterst leergierig op het gebied van technologische vernieuwingen. Hij las alle boeken over geluidstechniek. Waarschijnlijk luisterde hij als een combinatie van wetenschapper en schaker naar muziek: hij wist tijdens het luisteren precies wat er komen ging en waar hij kon ingrijpen. Daarom zijn Tubby-mixen ook nooit overdadig of gevuld met kunstgrepen. In de originele muziek zit de dubversie al verscholen. Hij is een totaal nieuw soort muzikant die een geheime muziek hoorbaar maakt.

Maar zeker niet de enige. De Jamaicaanse muziekscene wordt in die tijd voortgedreven door een gezonde concurrentie tussen soundsystems, dj's onderling en producers als Joe Gibbs, Lee Perry en Clement "Coxson" Dodd. In Kingston circuleerden populaire ritmetracks door de scene die steeds opnieuw werden onderworpen aan een nieuwe mix. *King Tubbys Meets Rockers Uptown* is dan ook een (moment)opname in een stroom van ritme. Augustus Pablo kwam naar Tubby met een verzameling tracks, waaronder een herbewerking van 'Jah Jah Dub' van Herman Chin-Loy die Pablo als basis gebruikte voor Jacob Millers meer conventionele liedje 'Baby I Love You So'. De laatste versie zou King Tubby ontleden tot het meesterlijke 'King Tubby Meets Rockers Uptown' waarin alleen nog maar een aantal fragmenten van Millers stem overblijven, zijn "ah-ha-ah-ha" even belangrijk als de melodica, die weer wordt afgewisseld door een echoënde gitaar en onderbroken door knallende drums. De hiërarchie in pop wordt omgekeerd: het ritme beweegt naar de voorgrond, de stem is gereduceerd tot accent. Wat als een eenvoudig idee klinkt, totdat je bedenkt dat King Tubby dit vervreemdende doolhof van geluid in een keer wist op te bouwen. Al is de versie zelden definitief af: op de latere samenwerking *Original Rockers* (1979) keren de baslijn en drums weer terug als 'Cassava Piece' en is de stem compleet afwezig waardoor Pablo ruimte krijgt om een lange solo te spelen.

Het is mogelijk om de mutaties van alle twaalf nummers in kaart te brengen en er zijn in de loop van de tijd albums verschenen die zoveel mogelijk *versions* van een ritme proberen te verzamelen, al is dit meer een musicologische onderneming dan een prettige luisterervaring. Hoe dan ook, de muzikale basis is even belangrijk als Tubby's inzicht. De muziek die Pablo aandraagt wordt gespeeld door een aantal van de beste muzikanten van die tijd, met Robbie Shakespeare en Aston Barrett op bas, Earl "Chinna" Smith op gitaar en Upsetters-drummer Carlton Barret. De bas en ritmes vormen wellicht de kern van de muziek maar het mooiste element van de plaat is vaak de piano in de vorm van korte fragmenten die opeens verschijnen, soms niet meer dan een glinstering, een voorbij schietende schaduw, dan weer extreem ritmisch. Het is Augustus Pablo zelf die hier op onconventionele wijze piano speelt, zelden op de voorgrond bijvoorbeeld in de vorm van een introducerende melodie. Een muzikant zonder ego die weet dat het kleine gebaar heel krachtig kan zijn.

# De Metamorfose (progrock remix)

## Serge Gainsbourg – L'Homme à tête de chou (1976)

Iets van tien jaar geleden trad de muzikant/componist Jean-Claude Vannier op in Paradiso tijdens een avond die was georganiseerd ter ere van de Franse zanger Serge Gainsbourg. In zijn introductie roemde een van de organisatoren Vannier als arrangeur van "waarschijnlijk Gainsbourgs beste album, *Histoire de Melody Nelson*", waarna een typisch onbeschofte Amsterdamse concertganger brulde "onzin, dat is zijn eerste album!" Ze hadden allebei ongelijk. Het beste album van de Franse zanger is *L'Homme à tête de chou*, in het Nederlands: De man met een hoofd van kool. Een vanzelfsprekend mysterieuze titel. Op de hoes is direct de inspiratiebron te zien: een bronzen sculptuur die Gainsbourg op de binnenplaats van zijn huis had geplaatst. De zanger claimde dat het beeld, wanneer niemand in de buurt was, hem het verhaal voor het album toefluisterde en de beeldhouwster Claude Lalanne was het hier helemaal mee eens.

Tegenwoordig prijst men Gainsbourg als een popgenie en worden zijn keurig heruitgebrachte platen op waarde geschat. Toch waren veel van zijn albums in de jaren zeventig, vanuit een commercieel standpunt gezien, onsuccesvol. Dit in tegenstelling tot een luchtige hitsingle als 'L'Ami caouette' (1975) of liedjes die hij voor Jacques Dutronc schreef. Het is moeilijk voor te stellen maar van *Histoire de Melody Nelson* (1971) werden nauwelijks 20.000 exemplaren verkocht en de provocerende opvolgers *Vu de l'extérieur* (1973) en *Rock around the bunker* (1975) deden het niet veel beter. Als een ware artiest kon dit Gainsbourg niets schelen en op *L'Homme à tête de chou* ging hij stug verder met zijn brutale verkenning van verlangen. Het album vormt niet zozeer een vervolg als een zusteralbum van *Histoire de Melody Nelson*. Ook hier raakt een man geobsedeerd door een jonge vrouw die uiteindelijk sterft. Maar de sfeer is anders, de elegante decadentie heeft plaatsgemaakt voor een hitsig, zweterig surrealisme. Melody Nelson, tiener die per ongeluk wordt aangereden, is onschuldig en engelachtig. Marilou, het object van verlangen in *L'Homme à tête de chou*, is uitdagend en vulgair. Wanneer ze wordt geïntroduceerd, laat ze er geen gras over groeien en Gainsbourg zingt met geniepig plezier over de hoofdpersoon die op een dag naar de kapper gaat en door het shampoomeisje met een "heidense schoonheid" onder handen wordt genomen terwijl haar borsten in zijn nek stuiteren (Gainsbourg doet droog hun geluid na: "boum boum".) Hij vraagt haar die avond mee uit en in het daaropvolgende 'Marilou Reggae' gaat Gainsbourg zich te buiten aan allerlei dubbelbetekenissen over orale seks. Al snel loopt de relatie spaak en de hoofdpersoon kan niet omgaan met Marilou's ontrouw en zelfobsessie (in 'Variations sur Marilou' zeer expliciet: "Elle arrive au pubis/Et très cool au menthol/Elle se self controle/Son petit orifice.") De realiteit begint aan flarden te scheuren, tropische visioenen komen als in een herhalende koortsdroom op, de oren van de verteller veranderen door Marilou's sarcastische opmerkingen in kool en in een vlaag van jaloezie slaat hij haar met een brandblusser dood, om in een inrichting te eindigen.

Muzikaal gebruikt het album een breder palet dan *Histoire de Melody Nelson*. Gainsbourg en Vannier werkten na een dronken ruzie al jaren niet meer met elkaar en de rol van arrangeur werd overgenomen door Alan Hawkshaw (ex-lid van The Shadows en typische sessiemuzikant die menig Brits televisieprogramma-deuntje schreef.) *L'Homme à tête de chou* opent in de beste traditie van de rockopera met een dramatisch thema dat er voor zorgt dat Gainsbourg meteen de aandacht heeft. Je krijgt als luisteraar een injectie van cool toegediend, je wordt overmand door zelf-verzekerdheid. Er zijn dan pas vijf seconden voorbij. Gains-bourg prevelt de introductie: "Je suis l'homme à tête de chou/Moitié légume moitié mec" (ik ben de man met het hoofd van kool/half groente/half gozer), een elektrische gitaar valt in waar de woorden verder op drijven. Een tweede gitaar geeft

ritmische accenten totdat alles wegvalt, een lange orgelsolo opkomt en het thema doet verwateren, waarna het op 'Chez Max
coiffeur pour hommes' opnieuw wordt ingezet. Progrock heeft
nog nooit zo goed geklonken, zo beheerst ook. Wat volgt is een
koortsige kaleidosonische trip, waar voodooachtige ritmes worden afgewisseld door bleek impressionistische dagdromen, achteloze rock 'n' roll overgaat in ambient, waar spookachtige ach-
tergrondzangeressen de obsessieve gedachten van de hoofdpersoon weerkaatsen. Vaak spiegelt de muziek precies de sfeer van
de woorden waarmee Gainsbourg schildert en soms veroorlooft
hij zich een ironisch gebaar, zoals in 'Marilou sur la neige' waar
de verteller het lijk van Marilou, ondergespoten met schuim uit
de brandblusser, als een kunstenaar observeert en psychedelische pop opgewekt de stem begeleidt.

Gainsbourg strooide zijn hele carrière lang met prachtige melodieën en provocaties, maar wat hem groots maakt is zijn taal.
Zoals de Franse president François Mitterrand bij het overlijden
van Gainsbourg schreef: "hij was onze Baudelaire, onze Apolli-
naire…hij verhief het *chanson* tot kunst." *L'Homme à tête de chou* is
zijn poëtische meesterwerk, hier vervlecht hij stem, klank, betekenis en verwijzingen op een manier die niemand in popmuziek
hem nadoet. Gainsbourg weet bijvoorbeeld als geen ander een
balans te vinden tussen rijm, herhaling en de eenvoud van

woorden. Hij kan een woord in de mond nemen en het als het ware wegen en proeven: "…sur la plage de…Malibu." Niemand zingt Malibu zoals hij, weet ook dat het meteen genoeg is, dat de naam bij de luisteraar een overdaad aan associaties oproept.

De chansonnier is daarnaast dol op striptaal, zoals hij eerder expliciet maakte in zijn 'Comic Strip' duet met Brigitte Bardot. *L'Homme à tête de chou* is gevuld met klanken als "vroum-vroum", "toc-toc", "tic-tac" die zijn taal zowel humor als ritme geven en je gevoelig maken voor beweging in de alledaagse omgeving. En dan zijn er gewoonweg sublieme regels als "Dans son regard absent/Et son iris absinthe" die uitpuilen van betekenis: de afwezige blik, de iris met de kleur van absint, net die kleine hint naar alcohol en decadentie, kunst en de negentiende eeuw. Gainsbourg associeert als geen ander: de Levi's spijkerbroek van Marilou doet hem sissend denken aan Lewis Caroll, wat goed uitkomt want *L'Homme à tête de chou* is bij vlagen een sinister alternatief van *Alice in Wonderland*.

Hiermee komen we bij een laatste laag die karakteristiek is voor Gainsbourg: zijn levende taal, vol klanken en obscene beelden, wordt ook nog eens verankerd met verwijzingen. Hier *Duizend-en-een-nacht*, Tarzan, Captain Cook, de artificiële taal volapük, de film *Baby Doll* (1956) en een rits jaren zeventig rockers als T-

Rex, Lou Reed en Alice Cooper waar Marilou graag naar luistert terwijl ze de eigen hand in haar spijkerbroek manoeuvreert. Dit alles staat nog eens los van de onuitgesproken relatie die de gedaanteverwisseling heeft met de veranderingen in de verhalen van Franz Kafka. Iedereen kan provoceren (dat bezit een eigen logica), het is mogelijk om de muziek van Gainsbourg tot in de kleinste details te simuleren (waar Air zijn carrière grotendeels op heeft gebaseerd), maar zijn taal is even uniek als zijn door Gitanes gebruinde vingerafdruk.

# Duisternis aan de rand van de jaren zeventig

## Blondie – Eat to the Beat (1979)

In de tweede helft van de jaren zeventig domineerden drie groepen de popmuziek: ABBA, Chic en Blondie. Van 1976 tot 1980 zou het Amerikaanse zestal Blondie elk jaar een album afleveren waarmee vooral zangeres Deborah Harry—vaak synoniem voor Blondie—werd gelanceerd tot popster. Herinneringen aan popmuziek in die periode zijn haast ondenkbaar zonder *soft focus* beelden van het gezicht van Harry: platina haar, jukbeenderen, kuiltjes in de wangen, altijd rode lippen waaronder op onverwachte momenten een wreed gebit verschijnt en—essentieel—blauwe ogen die de wereld vol ironie bekijken. "Kijk mij popster zijn," lijkt de blik te zeggen. Het haar van Debbie Harry zit meestal nonchalant, ze is niet bang om te transpireren en de ironie wil vaak genoeg plaatsmaken voor een glinstering die zijn oorsprong in een chemisch domein kent. Harry is een menselijke popster.

De popgeschiedenis is de laatste jaren op diverse manieren in kaart gebracht, maar een belangrijke breuk wordt vaak over het hoofd gezien: die tussen het laatste (tot de onvermijdelijke comeback) Blondie-album *The Hunter* (1982) en de verschijning van Madonna met haar eerste hit 'Lucky Star'(1983). Vrijwel iedereen wist destijds instinctief dat Madonna de opvolgster was van Debbie Harry. Al snel zouden de verschillen zichtbaar worden. De achteloosheid maakt plaats voor hard werk. Harry is nog onderdeel van een coole band, Madonna en haar opvolgsters Britney Spears en Lady Gaga zijn multinationals. Meer een gezicht, waarachter een technologisch complex schuilt, dan zangeres. Je herkent ze aan gesynchroniseerde dans, hyperreële controverses en humorloosheid. Madonna's genie is nog dat zij de jaren tachtig wist te belichamen en als geen ander esthetische veranderingen aanvoelde. Maar wat is de verandering die Lady Gaga teweegbrengt? Muzikaal is ze, meestal op het brutale af, een kopie van Madonna. En het onaantrekkelijke wat ze gemeen heeft met haar voorbeeld is dat je haar niet alleen hard ziet werken, maar ook hard *nadenken*, vooral over kostuums en flirts met conceptuele kunst (zo over zijn hoogtepunt heen dat het compleet gevaarloos is.) Madonna luidt het tijdperk van de liefdeloze popster in.

Op de eerste drie albums hanteert Blondie een muzikale basis die dan al retro is: een combinatie van jaren vijftig rock 'n' roll en ballads van Phil Spector meidengroepen. Hun doorbraak 'Denis' is een cover die precies de charme van Blondie samenvat: het origineel van Randy & the Rainbows, pure doo-wop uit het begin van de jaren zestig, wordt omgevormd tot een up-tempo en kaal rock 'n' roll nummer waarbij een synthesizerme-lodie en hardere drums het ontrekken aan puur pastiche. Op *Parallel Lines* (1978) manoeuvreert Blondie slim tussen twee tektonische verschuivingen die popmuziek in de jaren zeventig vormen: punk en disco. *Parallel Lines* is een van die canonieke popalbums, met een hoes die je direct herkent, een handvol hitsingles en perfectionistische productie (door Mark Chapman, vanaf dat moment hun vaste producer.) De plaat na een derge-lijk succes is meestal erg interessant, al is het om te kijken hoe popartiesten omgaan met succes. Kan de toverformule hetzelf-de resultaat geven of zoekt men de radicale breuk? Wordt de leefwereld door bekendheid zo vernauwd dat men alleen nog over de negatieve gevolgen van roem kan zingen of weet men toch onverwachte thema's aan te boren?

*Eat to the Beat*, dat een jaar later verschijnt, is een tussenoplos-sing. 'Dreaming', de eerste single en openingstrack, had dankzij opulente productie en *catchy* refrein zo op *Parallel Lines* kunnen staan, een valse herinnering aan de vroege jaren zestig. Het gro-te verschil is dat *Parallel Lines* tijdloos klinkt en *Eat to the Beat*, met zijn reggae-experimenten ('Die Young Stay Pretty') en op-gevoerde new wave rockers (het fenomenale maar enigszins verscholen 'Accidents Never Happen'), heel erg van zijn tijd is. Tijdloos is een gevaarlijke term die het te vaak is genoemd als kritisch synoniem voor goed (als tegenstelling tot gedateerd.) De twee belangrijkste liedjes op *Eat to the Beat* maken juist duidelijk hoe krachtig popmuziek kan zijn die onmiskenbaar in het moment is verankerd.

'Union City Blue' is een beetje de vergeten single van Blondie. Op de Duits/Nederlandse hitscompilatie *Blondie's Hits* (1981) is de tweede single van *Eat to the Beat* zelfs niet te vinden. 'Union City Blue' klinkt als 1979 en weet dat op twee manieren te bewerkstelligen. Een van de mysteriën van popmuziek is de manier waarop bepaalde klanken alleen maar in een specifieke periode kunnen zijn ontstaan. Vanzelfsprekend zijn instrumenten vaak verbonden met de tijd waarin ze op de markt verschijnen. Maar vooral hoe ze bespeeld worden en hoe men dit een tijdlang kopieert, maakt melodieën tijdsgebonden. Een goed voorbeeld zijn de gitaarsolo's in progrock aan het begin van de jaren zeventig die onderling vaak een opvallende gelijkenis vertonen. Hoe obsessief onze huidige cultuur het verleden ook probeert te kopiëren, deze solo's zijn nooit exact hetzelfde na te spelen. Muziektechnisch is het mogelijk om de noten te ontleden, je kunt ze op een authentieke gitaar en versterker naspelen in een ouderwetse studio, maar een niveau—de gedachtewereld in een bepaalde maatschappelijke context—is afwezig, en zal dat altijd blijven.

Die laag, dat *moment*, hoor je ook in de gitaar van 'Union City Blue', onmiskenbaar eind jaren zeventig verzonnen en opgenomen, een geluid dat Blondie deelt met Joy Division en Bruce Springsteen circa 'Born to Run'. Het is een open, *clean*, geluid—verdubbeld met een synthesizer—dat ruimte suggereert. In Springsteen de ruimte van mogelijkheden, in Joy Division een oneindige afgrond. Aan Blondie, tot dan toe een band van klein verlangen, geeft het de mogelijkheid om grote gebaren te maken. 'Union City Blue' klinkt als het uitzicht op een industriële stad (lange tijd dacht ik dat het een bijnaam voor Detroit was, maar er bestaat echt een Union City in New Jersey, met uitzicht op Manhattan). En hier werkt de tijdgeest zich op een andere manier in de muziek: de verloedering van de metropool. De traditionele industrie was in de jaren zeventig overal onder druk komen te staan en wanneer je verstrooid naar 'Union City Blue' luistert, Harry "oh, oh, what are we gonna to do?" zingt, roept het een beeld op van massawerkloosheid en verval. Tegelijkertijd kun je 'Union City Blue' lezen als het relaas van een relatie, van een vrouw in Manhattan die verlangt naar een man aan de andere kant van de rivier.

De verdubbeling van collectieve angst met het persoonlijke herhaalt de band op 'Atomic'. Hier het persoonlijke als seksuele verlangen. Wanneer je de tekst van 'Atomic' op papier ziet, blijft er bijna niets meer over dan een paar losse slogans. Ingebed in de muziek—een vreemde hybride van rock en disco, met waaiers van synthesizer en een eenvoudig loopje op Westerngitaar—ontstaat echter iets groots. Blondie was nooit een band voor vergaande experimenten maar wat betreft structuur komt 'Atomic' aardig in de buurt. De conventionele afwisseling van couplet en refrein wordt opgeofferd voor een trapsgewijze beweging richting een climax. Orgasme en explosie zijn sinds jaar en dag inwisselbare symbolen. De hoes van de single, een afbeelding van Debbie Harry, die uitdagend het haar uit het gezicht beweegt met op de achtergrond een atoomontploffing, laat dan ook weinig aan de fantasie over. Zoals bij veel goede popmuziek ligt de kracht in de associatieve betekenis. Los van het feit dat Harry hier op ongebruikelijk expliciete wijze verlangt naar een man omdat zijn haar prachtig is, raakt 'Atomic' een collectieve angst voor nucleaire oorlog. In 1980 was het, zelfs als kind, vrijwel onmogelijk om aan die angst te ontsnappen. De gele Stop de Neutronenbom-poster van ontwerper Jeroen de Vries was sinds 1978 vast onderdeel van het straatbeeld. Later zouden popnummers volgen die explicieter handelden over de angst en consequenties van een atoomoorlog, maar hoe goed die ook af en toe zijn, ze worden uiteindelijk door moralisme beperkt (wellicht met uitzondering van het sardonische tweetal 'Two Tribes' en 'De Bom'.) 'Atomic' laat zien hoe krachtig ambivalente betekenis in pop kan zijn, zeker wanneer het verlangens en angsten, kortom het onderbewustzijn, aanboort. Het resultaat, gezongen door het grootste sekssymbool van dat moment, is onbehagelijk, een halfbegrepen verlangen naar de gelijktijdige vernietiging van het ego en de wereld.

Het lijkt een formule die men eenvoudig kan herhalen. Toch zijn er daarna weinig popartiesten geweest die zo effectief een collectieve angst in het persoonlijke spiegelden als Blondie ten tijde van *Eat to the Beat*. De vaak ten onrechte verguisde Lana del Rey is de enige zangeres die het tegenwoordig in zich lijkt te hebben. Haar verstilde treurnis evenveel het resultaat van een mislukte relatie als een gemeenschappelijk falen. De beloning kan enorm zijn: een collectieve herinnering die op meer dan alleen herhaling is gebaseerd…een geleefde herinnering.

# Nachtdieren in Parijs

## Grace Jones – Nightclubbing (1981)

Muziek is haast onvermijdelijk verbonden met nostalgie. Wanneer ik nu 'I've Seen That Face Before (Libertango)' van Grace Jones hoor, voel ik zelfs een dubbele associatie. In de lente van 1981 was het nummer uitgegroeid tot een radiohit en klonk het, zoals vaker in die tijd, uit een van de vele open ramen in ons flatgebouw terwijl ik met vrienden voetbalden. Zon, gras, spel. Een zorgeloos moment, verloren. Jaren later is het liedje te horen tijdens een cruciale scène in Roman Polanski's *Frantic* (1988) wanneer Emmanuelle Seigner een vertwijfelde Harrison Ford op een Parijse dansvloer probeert...te verleiden? Troosten? Te laten vergeten? De muziekkeuze van Polanski is een van de gelukkigste in de filmgeschiedenis. 'I've Seen That Face Before (Libertango)' is namelijk onderdeel van *Nightclubbing*, een van die selecte albums waarmee een tijdperk, een complete levensstijl, wordt vereeuwigd.

*Nightclubbing* is Parijs op het hoogtepunt van exces. Een universum dat bestaat uit stijl, dansen, cocaïne en seks. Waar het altijd nacht is. Waar aids nog niet bestaat. House is nog een droom.

In *Nightclubbing* bestaan geen grenzen. Ook muzikaal niet. Popmuziek is hier avant-garde. Essentieel onderdeel van de vrije levensstijl is een muziek die de lessen van reggae uit de voorgaande jaren omvormt tot een streng, verleidelijk ritme. Coproducer Chris Blackwell, die met zijn Island-label reggae grotendeels naar de massa bracht, zorgde ervoor dat de ritmische basis door twee muzikanten werd geleverd die op talloze reggaeklassiekers meespelen: Sly Dunbar op drums en Robbie Shakespeare op bas. De organische drum en bas van roots reggae worden op *Nightclubbing* machinaal. Niet zozeer gespeeld op computers of synthesizers, maar machinaal als een soort hoekigheid. Op het titelnummer wordt het laveloze liedje van Iggy Pop strakgetrokken. De bas loopt als de stappen van het discopubliek dat de aanwezigen bekijkt, op zoek naar bekenden, om potentiële partners heen sluipt. In controle, cool, hautain. De gedachte aan witte poeders is nooit ver weg. Robbie Shakespeare's bas is op *Nightclubbing* bijna een even grote ster als Grace Jones. De elastische baslijnen op 'Pull Up The Bumper' en 'Walking in the Rain' hebben hetzelfde gewicht als de zang en het refrein. Hierbij helpt het dat *Nightclubbing* als muzikaal artefact zo goed klinkt. Ik luister het album nog steeds op een tweedehands vinylplaat (zo eentje met een knip in de hoes) en je hoort dat er kwistig met geld is gestrooid. Een typisch product van de Compass Point Studio in Nassau op de Bahamas waar succesvolle muzikanten vanzelfsprekend graag vertoefden. Zon, zee en de beste apparatuur die op dat moment verkrijgbaar was. De compact disc zou het jaar daarop worden geïntroduceerd, dus je luistert naar vinylproductie op zijn hoogtepunt. Bassen omhelzen je, elk ritmisch detail vindt zijn plek en geluidseffecten geven het juiste accent.

Ergens in de zorgvuldig opgebouwde geluidswereld van ritme en ruimte klinkt de stem. En die zingt een van de mooiste teksten uit de popmuziek: "Feeling like a woman, looking like a man." Een samenvatting van Grace Jones—het fenomeen— zoals ze op de hoesfoto in detail wordt gepresenteerd. Zwarte huid, tegen paars aan. Kort, vierkant haar. Jukbeenderen en welhaast kubistische blik. De onmiskenbare Franse sigaret, onaangestoken in de rode mond. Het zwarte colbert van Giorgio Armani kondigt de rage van schoudervullingen aan en— cruciaal—ze draagt er niets onder, het decolleté een gespierd mysterie. Grace Jones is in eerste instantie intimiderend, met haar harde lach, de motoriek van een roofdier, de uitdaging om haar te gebruiken ('Use Me'). Toch laat ze op kant B een verrassend gevoelige kant horen, geeft ze de luisteraar een kans om dichtbij te komen. 'I've Seen That Face Before (Libertango)' is een en al melancholie en verlies, op zoek naar de verloren tijd wanneer de deuren van de discotheek sluiten. 'Art Groupie' vormt een slim portret van een bepaald vergeten persoon dat de glamour van kunst begrijpt maar tegelijkertijd persoonlijkheid en talent mist om een blijvende indruk achter te laten. Het album eindigt met een ingetogen 'I've Done It Again' een vreemde reis door de tijd van een pionier, zowel in de rol van ontdekkingreiziger als politiek-culturele avant-gardist:

I was there when Jenny Lind first sang
First to feel the cold Alaskan white man
First to take a trip on L.S.D.
First to vote for Roosevelt back in '33

'I've Done It Again' suggereert dat alles in beweging is maar ook dat een bepaalde persoonlijkheid constant aanwezig blijft, altijd nieuwsgierig, op zoek naar het nieuwe. In 1981 kwamen deze personen bij elkaar in de nachtclub, een schaduwwereld vol genot en vrijheid, waar inmiddels de lichten van discipline, bourgeoisie en commercie fel op schijnen. Zulke enclaves verdwijnen onvermijdelijk, de nachtdieren verleggen in stilte hun territorium. *Nightclubbing* verliest door die kennis gelukkig niets van zijn kracht. Alle dansers weten immers dat genot tijdelijk is.

# Portret van de dj als jonge man

## Donald Fagen – The Nightfly (1982)

Met Steely Dan heb ik altijd een afstandelijke relatie on-
derhouden. Voorzichtig respect voor muzikaal ambacht
is een adequate samenvatting. Dit in tegenstelling tot *The Nightfly*, het eerste soloalbum van Steely Dan-zanger Donald Fagen.
*The Nightfly* is een plaat waar je jaren mee kunt doorbrengen.
Muziek die gegarandeerd een goed humeur veroorzaakt, ook al
zullen we zien dat dit effect, voor degene die voorbij de oppervlakte luistert, verraderlijk kan zijn.

De positieve sfeer van *The Nightfly* is grotendeels te danken aan
de wereld die Fagen opbouwt uit herinneringen aan tienerjaren
ergens gesitueerd aan het begin van de jaren zestig. *Mad Men to
be*, de kalmte van de Eisenhower-jaren die overgaat in de jonge
energie veroorzaakt door de Kennedy-mythologie. Achteloos—
al doet Fagen vrijwel alles op die manier—zet opener 'I.G.Y.'
de sfeer neer. Grenzeloos futuristisch optimisme heerst: super-
snelle onderzeese treinen, ruimtereizen, zonne-energie, altijd
perfect weer en vrije tijd voor artiesten. "What a wonderful
world this will be. What glorious time to be free." stelt het

catchy refrein waardoor 'I.G.Y.' als single zelfs een bescheiden hit werd. Geen wolkje te bekennen. Fagen weet dat hij geen mitsen en maren hoeft toe te voegen, geen enkele realiteit kan voldoen aan de wereld van 'I.G.Y.' Een schaduw zou de kracht van de fantasie tenietdoen. Dat spel komt nog. Hoogstens proef je een lichte glimlach wanneer Fagen zijn visioen vervolmaakt:

A just machine to make big decisions
Programmed by fellows with compassion and vision
We'll be clean when their work is done
We'll be eternally free yes and eternally young.


Die woorden zijn niet te vertrouwen. Eeuwig vrij en eeuwig jong? Is dat niet hetzelfde als de dood?

Het daaropvolgende 'Green Flower Street' klinkt even opgewekt. Hoogstwaarschijnlijk is er nooit een blijer nummer over rellen gemaakt en daarmee vormt het een schoolvoorbeeld van de Fagen-methode. Vorm, inhoud, beelden en perspectieven zorgen voor een intrigerende gelaagdheid. Luister achteloos naar 'Green Flower Street' en je hoort een optimistisch uptempo popliedje. Zelfs wanneer je een tekstflard oppikt als "Since May/There's trouble most every night." echoën de achtergrondzangers de tekst op de meest professionele wijze, alsof ze een willekeurig liefdescliché zingen. In een bouwsel van herinneringen vormt 'Green Flower Street' een eerste waarschuwing dat de idylle verstoort raakt. Fagen gebruikt in zijn teksten graag geografische verwijzingen—op *The Nightfly* alleen al Parijs, Manhattan, Mexico City, Baton Rouge en Miami—plaatsen waar zijn personages naar verlangen of die gewoonweg de handeling lokaliseren. Er bestaat echter geen grote Amerikaanse stad met een Green Flower Street. Het is symptomatisch voor *The Nightfly* dat de luisteraar hier twee kanten mee opkan: of het personage fantaseert een leven vol sensuele nachten in de achterbuurt die onmogelijk zijn geworden door het geweld, of Green Flower Street is een metafoor voor alle buurten waar de beatnik zijn kicks zocht en aan het eind van de jaren zestig niet meer welkom is.

Eenzelfde ambivalentie keert terug op het titelnummer, het portret van een dj die zijn nachten eenzaam doorbrengt met het draaien van jazzplaten en gesprekken met luisteraars. Opeens bevinden we ons in het leven van een volwassen man die gezien de hoesfoto Donald Fagen is, met stropdas en zonder zijn hippiehaar uit de hoogtijdagen van Steely Dan. Alweer lijkt zich hier een fantasie te ontspinnen van een leven als coole jazz-dj die 's nachts leeft, Sonny Rollins-platen draait en een eindeloze voorraad Chesterfields tot zijn beschikking heeft. Maar Lester the Nightfly is ongelukkig, hij wil gevoelloos zijn, om de meest basale reden: hij mist nog steeds zijn grote vlam. Kortom, 'The Nightfly' is de fantasie van een jeugdige Fagen over een gedesillusioneerd leven, of de dj is de centrale figuur die de fantasieën van alle omringende nummers genereert.

Teksten in popmuziek zijn altijd afhankelijk van de manier waarop de zanger ze articuleert. Op papier blijft er weinig van over. Bij verschijning van Lou Reeds verzamelde teksten in boekvorm riepen sommige verhitte fans het uit tot de *Great American Novel*, maar zonder zijn nasale speedfreakdictie verdampt de kracht van de woorden. De stem van Donald Fagen is misschien niet de meest flexibele, maar wanneer hij zingt gebeurt er altijd wat. In eerste instantie omdat hij ruimte laat om slecht te worden verstaan, waardoor de luisteraar zelf dingen gaat horen. Ik was er tot voor kort van overtuigd dat het personage in 'Green Flower Street' *my magic wand* vindt in plaats van *my mandarin plum* (hoe cool is dat, om een toverstok op straat te vinden?) Maar Fagen is voornamelijk een meester van het samenspel tussen woord en ritme. Hij weet herhaling in te zetten en daar plotseling mee te breken. Het refrein van 'The Nightfly' is niet alleen direct herkenbaar zoals de beste pophits dat horen te zijn, het is ook een *tour de force* van versnellingen, afdalingen, harmonische uitbarstingen, een triomfantelijk gezongen "Sweet

Music" dat overgaat in het beeld van de opkomende zon. 29 woorden waarmee hij een situatie perfect neerzet. Je krijgt het refrein bovendien niet meer uit je hoofd verbannen.

Onder audiofielen bezit Steely Dan een zekere status. *Aja* (1977) staat hoog op de lijst van platen die men meeneemt wanneer nieuwe audioapparatuur in de winkel moet worden getest. *The Nightfly* zou die rol na de opkomst van de compact disc maar al te vaak overnemen. Fagen gebruikte voor de opname dezelfde producer (Gary Katz) en geluidstechnicus (Roger Nichols) als op de reeks Steely Dan-klassiekers. Het grote verschil met die platen is dat *The Nightfly* als een van de eerste albums compleet digitaal werd opgenomen (op 3M digitale 32-track en 4-track machines om precies te zijn, naar huidige maatstaven ongetwijfeld primitieve apparatuur.) Uit menig glimmende cd-speler zullen de bits van 'I.G.Y.' als eerste hebben geklonken. Er bestaat zoiets als de plaat die te goed klinkt, waar geluidseffecten knallen en de instrumenten, bijna met spierballenvertoon, zijn afgetekend. Voor een album dat zo geprezen wordt om zijn geluidskwaliteit klinkt *The Nightfly* gewoonweg in balans, zonder dat het je oren op de feiten drukt. Je wordt niet uitgenodigd om, door de muziek heen, naar details te luisteren.

Dat is met name te danken aan de manier waarop Fagen zijn poppy interpretatie van fusion opbouwt. Het geluidsspectrum is niet volgestopt, maar mag ademen. Hij beschikt over de beste studiomuzikanten, maar nergens gaat men zich te buiten aan muzikale opschepperij. Solo's worden spaarzaam gebruikt en zijn eenvoudig van opzet. Het mooiste voorbeeld is te horen op de lange outro van 'Ruby Baby' wanneer we ons vanaf [3:40] opeens op een relaxt feestje bevinden—vrolijke stemmen, geklap, je *hoort* de aangename temperatuur—waar de blazers een melodie blijven herhalen, soms een kleine variatie spelen en anders even ruimte geven aan een ander instrument. Ingetogen, cool, balans. Fagen observeert als de bandleider van een hotelband die niet hoeft op te vallen. Hij heeft iedereen voorbij zien komen, elke evergreen gespeeld. Hij knikt goedkeurend en zoekt vervolgens de weg naar de bar.

De volgende dj legt zijn eerste plaat alvast op de draaitafel. Lester the Nightfly bekijkt de hoes met de dubbele robothelm meewarig. *Dit is de toekomst die onze dagdromen ooit binnendrong.* Een laatste sigaret en behendig schuift hij Brubecks *Time in Outer Space* uit de hoes. Was hij ooit echt op dat feest met Ruby? Was ze echt zo mooi? Kon hij zich haar gezicht nog maar herinneren.

# Pop als profetie
## Simple Minds – New Gold Dream (81-82-83-84) (1982)

Vanwege de latere verleiding tot populisme is de Schotse band Simple Minds met terugwerkende kracht uit de popgeschiedenis gewist. Gedurende een productieve periode in het begin van de jaren tachtig ontwikkelde het vijftal zich echter tot een van de spannendste postpunkbands. In plaats van de monomane depressie die Joy Division traag richting een zwart gat dreef, observeerde Simple Minds de wereld met een nerveuze nieuwsgierigheid. Simple Minds is de band die het beste lering trekt uit David Bowie's Berlijn-trilogie en de daaraan gelieerde albums van Iggy Pop. De blik is strak op Europa gericht en dat levert met *Real to Real Cacophony* (1979) en *Empires and Dance* (1980) albums op die slim manoeuvreren tussen experiment en dansbaarheid. Het beeld van het Europese vasteland wordt gevormd door cinema, architectuur, clubs, terrorisme en een zoektocht naar identiteit. De hypermoderne platen hebben nooit echt navolging gekend.

*Sons and Fascination* en *Sister Feelings Call*—de twee albums die zij in 1981 uitbrengen—consolideren hun status als vernieuwers van de new wave, maar vanuit de oostkust van Schotland klinkt opeens serieuze concurrentie. Het duo Associates doorzoekt grotendeels hetzelfde archief. De single 'White Car in Germany' vormt een identieke Europese fascinatie om tot een mens-machine grafzang waar Billy Mackenzie's elastische stem door een stad van synthesizers beweegt. Een jaar later weet hun de-buutalbum *Sulk* de Britse top 10 te bereiken. De elegische toon van 'White Car in Germany' is echter bijna compleet vervangen door een optimistische dansbaarheid die naadloos past bij *The Lexicon of Love* van ABC, de nieuwe goudstandaard van pop. Men kan zich voorstellen dat de leden van Simple Minds dit met lede ogen aanzagen. Waarschijnlijker is dat de ontwikkeling van beide bands bijna op onafhankelijke manier parallel liep: 'Party Fears Two' van Associates was in maart 1982 een top 10-hit, een maand later zou Simple Minds de doorbraaksingle 'Promised You a Miracle' lanceren. Simple Minds was hiervoor zelden uitgesproken neerslachtig maar 'Promised You a Miracle' valt op door een bijna jubelende toonzetting en wordt gedreven door een korte, springerige melodie die de track op elk niveau in beweging brengt. Het succes van de single overtuigt de band dat ze een winnende formule hebben gevonden en die lente beginnen ze aan de opname van een volgend album.

Platenmaatschappij Virgin poneert het idee om dit keer de spontaniteit van hun optredens na te streven. Hierbij krijgen ze hulp van de negentienjarige Peter Walsh—later de vaste handlanger van Scott Walker tijdens zijn duistere herrijzenis—die zijn succesvolle productie van 'Promised You A Miracle' verder mag uitwerken. Een avontuurlijke maar cruciale keuze. Op de voorgaande albums bleek Simple Minds, een new waveband waarvan de leden fans waren van Genesis en Pink Floyd, een voorkeur te hebben voor producers als John Leckie en Steve Hillage, ervaren in progrock maar desondanks hulpvaardig bij het uitwerken van een jeugdig geluid. Zonder het gewicht van ervaring lijkt Walsh perfect te passen bij het positieve gevoel dat Simple Minds in de lente en zomer van 1982 overmant. Op *New Gold Dream (81-82-83-84)* gloeit elk geluid met een aura. De muziek klinkt als een geheel en zit tegelijkertijd vol kleine details als de meisjesstem die zachtjes meezingt op 'Colours Fly and Catherine Wheel'. Simple Minds was nooit een gitaarband die zich liet leiden door het primaat van de riff, al ligt de nadruk meer dan ooit op een zelfverzekerde basis van synthesizer, bas en drums. Het is verleidelijk om een van de muzikanten te isoleren als de sterspeler van het album, maar de muziek is daarvoor teveel in elkaar vervlochten. De afwezigheid van solo's onderstreept de kracht van het collectief. Paul Morley heeft gelijk wanneer hij in zijn *NME*-recensie juicht dat Simple Minds is versmolten in een betoverend, fris geluid. Zelfs wanneer in 'Hunter and the Hunted' een solo verschijnt, weet virtuoos Herbie Hancock zich te beheersen, voegt hij kleine penseelstreken van goudstof toe.

In een vroeg stadium ontwaart zanger Jim Kerr in de nieuwe muziek een kalme positieve sfeer en hij besluit om zijn teksten vanuit het idee van 'Promised You A Miracle', met zijn "Belief is a beauty thing" refrein, verder uit te werken. Ze waren al zoekende Europeanen, jonge idealisten, die nu een mystieke taal bezigen. Zoals vaker in popmuziek zijn de teksten van Simple Minds op papier weinig coherent. Kerr is de soort tekstschrijver die de juiste woorden kiest op beeldende kracht. Uit de muziek verschijnen woorden als "miracle", "summertime", "king", "glittering prize" en "gold" die associëren tot een soort moderne zoektocht naar een heilige graal. Maar hoe ziet deze eruit? Door de tijd reizen is vrijwel zeker onmogelijk en profeten zijn zeldzaam maar op het titelnummer lijkt de toekomst kraakhelder in Kerr te zijn neergedaald:

New Gold Dream
She is the one in front of me, the siren and the ecstasy
New Gold Dream
Crashing beats and fantasy, setting sun in front of me
New Gold Dream
And the world goes hot

And the cities take
And the beat goes crashing
All along the way

Het vangt de komende ervaring van rave in *exacte* bewoordingen. Muzikaal vormt 'New Gold Dream (81-82-83-84)' bovendien een van de cruciale nummers van de jaren tachtig. In het sublieme intro komt een gejaagde ritmebox samen met een geknepen baslijn en sidderende synthmelodie die zo een alternatieve geboorte van techno vormen. Kerr voegt zich erbij en de synthesizermelodie begint tegen zijn stem in te golven. Als een hymne stijgt de muziek langzaam op. Op [1:34] houdt Kerr even in terwijl de zin "and when you dream, dream in the dream with me" naar een verlossing stuurt die hij met de jaartallen uit de titel scandeert. Stadions wachten om het te laten weergalmen.

De hoes, ongetwijfeld een van de opvallendste in elke platencollectie, krijgt hierdoor een alternatieve betekenis. Ontwerper Malcom Garrett snapte duidelijk de mystieke boodschap van de muziek en besloot om de katholieke beeldtaal tot het uiterste door te zetten. Een rockband die christelijke iconografie gebruikte was hoogst ongebruikelijk. Patti Smith flirtte hier ten tijde van haar *Easter* (1978) album en tournee opzichtig mee, tot onvrede van een deel van haar publiek. Zij zag ongetwijfeld de overeenkomsten: de idolen, het concert als mis, elektriciteit als sacrament, de canon, Elvis als Messias, The Beatles als apostelen en punk als een nieuwe reformatie. Maar zoals Kerr opmerkte, past het beeld gewoonweg perfect bij de muziek en kenden ze als bewoners van een helft van Glasgow toch alle details van een katholieke opvoeding. Terugkijkend vormt het kruis met het heilige hart, een favoriet symbool van menig katholieke mysticus, een visuele voorbode van het rave-visioen uit 'New Gold Dream (81-82-83-84)'. Vrijwel elke gebruiker van psychedelische middelen zal de knipoog met een geheimzinnige glimlach herkennen. Nu lijkt het vooral een hele mooie hoes maar Simple Minds speelde wel degelijk met vuur (kon je als protestant in Glasgow eigenlijk wel met de plaat thuiskomen?) In combinatie met semi-wagneriaanse titels als 'Glittering Prize', 'Hunter and the Hunted' en vooral 'King is White and in the Crowd' ligt een beschuldiging van proto-fascisme op de loer. Dat Simple Minds hier zonder veel moeite aan ontsnapt heeft te maken met hun optimisme dat, helemaal in 1982 waar een *no future* sfeer als fall-out was neergedaald, erg radicaal moet hebben geklonken. Simple Minds is gewoonweg te vriendelijk voor gewelddadige gedachten. De nieuwe mystiek brandt de schaduwen richting de toekomst weg, waar zonder hun subtiliteit een nieuw gespierd positivisme in popmuziek zal opbloeien...en zij tegelijkertijd hun kracht verliezen. Maar op dat moment branden Simple Minds ten minste.

39

# De criticus als popartiest

## Scritti Politti – Cupid & Psyche '85 (1985)

Long into the night they sat talking on the stage of an empty Electric Ballroom, feeling depressed and distanced - unable to offer solace for each other's problems. No resolutions or solutions came out of their discussion, just a mutual confirmation of boredom and restlessness. The two, Ian Curtis and Green Gartside, never met again. Within a week Curtis was dead.

Met deze anekdote begint het *NME*-interview met Scritti Politti-zanger Green Gartside in de zomer van 1985. Zijn band heeft net het tweede album *Cupid & Psyche '85* uitgebracht. Sinds die nacht in 1980 had Scritti Politti een complete transformatie doorgemaakt. De band begon als een van die vele punkbands, vol ideeën maar zonder muzikale bekwaamheid. Op een reeks E.P.'s was een voorzichtige ontwikkeling te ontwaren, totdat de zanger/gitarist/ideoloog inzag dat de groep zich op een doodlopende weg bevond. De punkrevolutie had een nieuwe orthodoxie opgeworpen, met nieuwe regels die het "alternatief" streng kaderden. Gartside besluit om popster te worden, een subtiele popster.

Hij was niet de enige. Even leek New Pop in 1982 de hitlijsten over te nemen. In het kielzog van ABCs meesterlijke *The Lexicon of Love* verschijnt het debuut *Songs to Remember* (1982), een opgewekte verzameling liedjes. Maar melodie en productie zeggen niet alles. Gartside was belezen en de bandnaam vormde een verwijzing naar het werk van de Italiaanse marxist Antonio Gramsci. De vroege single '4 A-Sides' was opgebouwd uit een collage waarmee alle kosten van de productie van de plaat zichtbaar werden gemaakt, een demystificatie van de productiemiddelen: "dit kan iedereen!" De verandering richting pop vormde geen afscheid van politieke theorie of overgave aan pure oppervlakte, want tegelijkertijd vond een filosofische verschuiving plaats waarbij Gartside de beperkingen van orthodox marxisme begon in te zien. In plaats daarvan vindt hij inspiratie in de poststructuralistische filosofie die op dat moment voorzichtig buiten Frankrijk aan populariteit wint. Onbevangen vernoemt Gartside dan ook een van zijn nieuwe liedjes naar filosoof Jacques Derrida. Het lot wil dat een van zijn studenten hem het nummer laat horen en de deconstructivist is zo geïntrigeerd dat hij Gartside uitnodigt om een keer samen in Parijs te lunchen. Zo geschiedde en de zanger laat het niet na om Derrida onder andere uit te horen over de vraag waarom hij nooit een boek over muziek heeft geschreven.

Zijn belezenheid maakt hem ook tot een prettige gesprekspartner voor muziekjournalisten. Eindelijk iemand die wat heeft te melden, in lagen denkt, maar toch controversieel is omdat hij met zijn keuze voor de leegte van pop de "correcte" muziek de rug heeft toegekeerd. Gartside zal het menigmaal uitleggen: het is allemaal niet zo eenvoudig. Er is geen essentie aan te wijzen die rock per definitie beter maakt dan pop. Tegelijkertijd is hij gefascineerd door de rol van taal in popmuziek. De grens van de taal wanneer deze pop probeert te verklaren. Goede popmuziek is ongrijpbaar, er is iets dat *ontsnapt*. Rond de energie van pop is vanaf de jaren vijftig een heel economisch systeem opgebouwd, inclusief de interpretatie door de popjournalistiek die moeite heeft om voorbij ingesleten dualismes te denken. Maar de kern van pop blijft onzegbaar en dat geeft pop vanzelfsprekend een mysterieuze kracht.

Gartside heeft een afstandelijke relatie tot pop. Hij is gevoelig voor de kracht die bepaalde artiesten genereren—Chic, Michael Jackson, The Staple Singers—en die kracht is hoofdzakelijk ritmisch. De zanger zal bovendien altijd sceptisch blijven over spontaniteit en zelfexpressie, soul als een soort humanisme. Scritti Politti wordt een ongrijpbare popgroep, toegankelijk maar kunstzinnig, lichtvoetig maar diep. Melodieuze singles worden gestoken in hoezen met knipogen naar kunstwerken van Joseph Bueys en Marcel Duchamps, kleine knipogen, dingen om over na te denken. Zo is de achterkant van *Cupid & Psyche '85* een foto van een stuk vlees gewikkeld in een dunne, witte doek waar een vlinder op neerdaalt. Associaties: het idee dat achter de onmiskenbaar zoete oppervlakte van Scritti Politti een onplezierig, sinister element schuilt. Plezier—met een hoofdletter volgens Gartside—staat voorop, maar is nooit alleen dat, zoals de liefdesrelatie tussen Cupido (verlangen) en Psyche (ziel) leert. In de Griekse mythe wil Psyche *weten* wie haar geheime geliefde is. Maar kennis stort hun even eenvoudige als mysterieuze relatie in een crisis.

Als dertienjarige kan theorie je echter geen hol schelen. Weet Gartside ook. Zijn teksten zijn niet exhibitionistisch slim of poëtisch maar werken als klank, het popgevoel, de golven van "tonighhhhht" in 'Absolute' maken verlangen in tegenstelling tot theoretische uiteenzettingen invoelbaar. Er zijn liefdesliedjes die oncontroleerbaar en onverwacht de luisteraar via radio of televisie bereiken en er zijn interviews waarmee de artiest, als een soort voetnotenapparaat, een extra laag van betekenis kan toevoegen. Scritti Politti lanceerde in 1984 drie geweldige singles die als echte pop—op de radio—werkten, zich in je hoofd nestelden, die je keer op keer wilde horen. Gartside had na de opnamen van *Songs to Remember* gebroken met zijn oude bandleden die de nieuwe koers niet wilden doorzetten. Twee Amerikaanse studiomuzikanten (David Gamson en Fred Maher) zagen het wel zitten en het trio streek tijdelijk in New York neer om eerst met Nile Rodgers samen te werken en vervolgens met producer Arif Mardin (vooral omdat hij had gewerkt met Aretha Franklin en Chaka Khan.) De drie succesvolle singles 'Wood Beez (Pray Like Aretha Franklin)', 'Absolute' en 'Hypnotize' zijn een jaar later terug te vinden op het album *Cupid & Psyche '85* dat de band voor de rest zelf produceert.

Wanneer je de plaat nu weer opzet, valt meteen op hoe gedateerd de muziek klinkt. *Cupid & Psyche '85* vormt, samen met *Slave to the Rhythm* dat rond dezelfde tijd verscheen, de ultieme jaren tachtig popproductie. Maar het album van Grace Jones opent paden richting de toekomst, *Cupid & Psyche '85* is van het moment (de '85 in de titel is een gelukkige keuze, laat nooit twijfel bestaan over de context.) De op een DX7-synthesizer gespeelde melodie van 'The Word Girl', de synthetische bassen en Fairlight-samples plaatsen *Cupid & Psyche '85* ongenadig in de tijd. De productietechniek en instrumenten die de groep gebruikt, blijven nog lang doorwerken in megaprojecten van het type Michael Jackson of Whitney Houston, maar binnen twee jaar maakt Akai samplers toegankelijk voor een breed publiek. Hierdoor zullen de S1000- en S900-samplers, naast de "mislukte" drumcomputers van Roland, de hoekstenen van house vormen, een directe muziek gemaakt in een vacuüm, pure lijnen waarin de stem/betekenis tot een minimum wordt gereduceerd. De nulgraad van pop.

*Cupid & Psyche '85* is met uitzondering van stem en gitaar een compleet synthetische constructie. De Fairlight CMI was de eerste synthesizer die kon samplen en vanwege zijn prijs vooral toegankelijk voor gearriveerde popmuzikanten en de betere studio's. Je hoort het op talloze producties uit de eerste helft van de jaren tachtig, waarbij een aantal artiesten (Art of Noise, Kate Bush, Jan Hammer op de begintune van *Miami Vice*) de lastige Fairlight onder controle lijken te krijgen. Alweer denkt Gartside ook dit aspect van de muziek door wanneer *Blitz Magazine* de band ondervraagt over hun apparatuur:

Is it true what The Art Of Noise say about the Fairlight?
"What," asks Green, "about it being more dirty and Rock 'n'
Roll? Yes, I think it does sound kind of dirty..."
"It's called low bandwidth," interrupts David.
"I think it's got a limited appeal," continues Green. "The
Fairlight's failings are something unto themselves."
"The new Fairlight will be full bandwidth," enthuses David, "so
you'll be able to get really clean samples and sample on a lower
bandwidth for that Rock 'n' Roll Fairlight sound."
"I suppose that the current Fairlight will end up as the 'vintage
Fairlight sounds'," says Green, amusing himself with the

thought. "That would be something of a statement of the advancement of technology."

Wat de liedjes van Scritti Politti uiteindelijk anders maakt in vergelijking met hedendaagse popmuziek is niet de synthetische oppervlakte maar de structuur. Pop is helaas massaal teruggevallen op een conventionele structuur van couplet/refrein, een gesloten systeem. De gedetailleerde liedjes van Scritti Politti klinken tegenwoordig verrassend open. 'Hypnotize' is een wervelwind van stemmen, stotters en geluiden die elk moment uit elkaar dreigt te vallen. 'The Word Girl' is een nieuw soort dubreggae, de outro van de conventionele popsong wordt hier een avontuur in geluid, een onvoorspelbaar spel tussen stem, ritme en ruimte. De liedjes van *Cupid & Psyche '85* zijn nooit voorspelbaar en zitten vol van dit soort verticale momenten. Op de LP zijn versies geperst, die door de groep verlaten zijn. Maar zijn de liedjes definitief omdat ze zijn vastgelegd? Of zijn er talloze uitgangen aangebracht waar *extended mixes* van kunnen worden gemaakt? Soms, wanneer je half dagdromend naar *Cupid & Psyche '85* luistert, ontwaar je deze vertakkingen. Een oneindige popmuziek opent zich.

# Een vlinder droomt dat hij mens is

## Talk Talk – The Colour of Spring (1986)

Ergens eind 1985 trad Talk Talk op in *Countdown*, het pop-programma op de Nederlandse televisie waar iedereen naar keek en dat daardoor eigenhandig hits kon maken. Dat Talk Talk daar tussen de grote kanonnen van de jaren tachtig-pop mocht verschijnen was geen toeval. Veronica had de singles van hun vorige album *It's My Life* omarmd en in 1984 speelde de band samen met Level 42 en Sade op de Veronica Rocknight in Ahoy. In de *Countdown*-studio brengt de band de nieuwe single 'Life's What You Make It' die door Veronica ook weer genereus tot Alarmschijf is verkozen (wat neerkomt op een gegarandeerde top 40-notering.) Het lied is vanaf de eerst keer dat het refrein wordt ingezet lastig te vergeten. Maar er is meer aan de hand dan alleen de muziek. Zanger Mark Hollis bespeelt voorovergebogen en met nerveuze motoriek de piano. Hij draagt een ronde zonnebril. Zijn lange haar valt regelmatig over het gezicht. De hele band heeft zichzelf een zeker hippie-achtige imago aangemeten dat volstrekt nergens mee is te verge-lijken in het midden van de jaren tachtig dat Ray-Bans, 501's en witte T-shirts als uniform heeft uitgekozen. Elke introverte tiener zal direct een connectie hebben gevoeld.

De single was een vooruitgeschoven stuk van het album *The Colour of Spring* dat tegenwoordig gezien wordt als een transitie-plaat tussen Talk Talk als popband en experimenteel collectief. Door die positie in het oeuvre vormt het vaak een onderschat album dat te weinig wordt geïnterpreteerd als een afgebakende entiteit. Dat laatste is soms lastig omdat Talk Talk altijd in be-weging was. Hun vijf albums verschillen steeds van elkaar en het is niet onredelijk om daar een metamorfose in te horen, een zoektocht naar een bepaald geluid dat wanneer het daadwerke-lijk wordt bereikt ook af is. De band stopt daarna met bestaan. Op elk album zijn al kleine hints te vinden van een volgende stap. 'Tomorrow Started' op *It's My Life* (1984) kondigt het open geluid van *The Colour of Spring* aan, zoals 'Chameleon Day' hier doet voor de ingetogen sfeer van opvolger *Spirit of Eden* (1988). Talk Talk is als in een cocon gewikkeld, die langzaam openbreekt, de eerste vleugels zichtbaar waarmee het naar on-gekende hoogtes zal reiken. Transitie of niet, met *The Colour of Spring* voldeed de band blijkbaar aan een collectieve behoefte want het zou in Nederland de nummer 1 positie in de albumlijs-ten behalen.

Het bewijst dat kwaliteit commerciële potentie bezit (of stelde de popliefhebber destijds hogere eisen?) Blijkbaar vertrouwde hun platenmaatschappij EMI dat deze combinatie met Talk Talk mogelijk was. Talk Talk was een typische exponent van een gedachte die platenmaatschappijen gedurende een lange periode uitdroegen: de muzikant waar in geïnvesteerd wordt, die talent heeft getoond en een grote mate van vrijheid krijgt om een artistiek statement te maken. Deze kweekvijverconstructie kon voor beide partijen voordelig uitpakken. De muzikant ontving genoeg budget om een gedroomd geluid tot in details vast te leggen. De platenmaatschappij kreeg er prestige voor terug en de mogelijkheid om andere muzikanten te verleiden met het succesverhaal van artistieke vrijheid. Tijdens de productie van *The Colour of Spring* werkt de relatie optimaal. Waarschijnlijk was het niet eens een extreem dure plaat om te maken, hij werd snel opgenomen en blijkt commercieel succesvol. Maar de constructie is niet zonder gevaar, zeker wanneer het perfectionisme van de artiest zich ontpopt en de groeiende studiobudgetten accountants onrustige nachten bezorgen. In het ergste geval flopt het album daarna, zoals The Associates op desastreuze wijze overkwam met *Perhaps* (1985). De vruchtbare relatie tussen EMI en Talk Talk zou ook snel bekoelen en uiteindelijk leiden tot een breuk. Weinig bands zijn daarna tegen hun wil zo uitgemolken met compilaties, remixalbums, rariteitenverzamelaars en livealbums terwijl ze muzikaal allang een andere richting waren ingeslagen.

Zoals is te verwachten van een plaat op een groot label in de jaren tachtig klinkt *The Colour of Spring* subliem. 'Happiness is Easy' is welhaast kinesthetisch, je kunt de spaarzame percussie en bas bijna *zien*, zo helder zijn ze gepositioneerd. De productie is afgestemd op een band die geen zin heeft om te drammen en veel meer geïnteresseerd is in geluidskleur, details en openingen. De synthesizers en drumcomputers zijn uit de studio verbannen om plaats te maken voor het orgel van Steve Winwood of de Mellotron en Variophone van producer/bandlid Tim Freese-Greene. Met deze componenten wordt een redelijk uniek geluid gevormd dat net als de lokken van Hollis niet in de tijdgeest past. Het roept associaties op als aards, ademend, bruin, muffig...een kamer met veel hout, laag zonlicht dat door ramen minuscule stofdeeltjes oplicht. Een veilig geluid waarin je als luisteraar haast kan schuilen.

In de interviews ten tijde van *The Colour of Spring* blijkt duidelijk dat Hollis moeite heeft met het spelen van de popster. Hij heeft geen zin in ironie en grootspraak waar veel journalisten naar smachten. In een zeldzaam constructief gesprek met Rachael Demadeo geeft Hollis duidelijk aan door wie hij op dat moment wordt beïnvloed: oude soul en gospelmuziek ("vanwege de bezieling en de desinteresse in techniek."), jazz uit de periode 1955-1965 (Coltrane, Pharoah Sanders, Roland Kirk en Miles Davis) en de impressionistische muziek van Debussy, Satie en Delius ("vanwege hun visuele kwaliteit.") Later in het gesprek relateert hij de repeterende pianomelodie in 'Life's What You Make It' aan het gebruik van herhaling door Can op *Tago Mago*. Kortom, *muziek*-muziek waarin sfeer en emotie een centrale plek krijgen toebedeeld in plaats van ego en imago. Grote mensenmuziek ook.

Desondanks heeft Hollis, net dertig jaar oud geworden, met *The Colour of Spring*—onbewust?—een cruciale tienerplaat gemaakt. De tiener in popmuziek is na de jaren vijftig vaak onderschat. De puberteit vormt immers een levensperiode die zich kenmerkt door isolatie, drama en onbegrip, wat ons later meestal met gêne vervult. Waar smaak nog moet worden ontwikkeld. Maar juist die ontwikkeling, dat verkennen, is fascinerend. Zeker wanneer je ervan uitgaat dat er verschillende soorten tieners bestaan in het spectrum tussen hysterische teenybopper en zwijgzame metalhead. De zoektocht van Hollis naar geluid en woorden loopt parallel met de worsteling van de tiener met zijn identiteit. Het tekstvel van het album is uitgeschreven in een lastig te ontcijferen handschrift. Open voor interpretatie, is de hint. Op deze manier worden tekstflarden kant en klare slogans voor de adolescent: "yesterday's favourite", "the charade goes on", "I don't believe in you", "living in another world to you", het gaat maar door. Een verrassend effectieve combinatie met de wereldwijze muziek—serieus, open, smaakvol—die juist belichaamt waar de tiener naar verlangt: een belofte van volwassenheid. De vlinder droomt dat hij mens is.

Het is niet ondenkbaar dat Hollis zich dit naderhand heeft gerealiseerd en vervolgens zijn teksten nog abstracter maakte. Elke relatie met pop werd daarmee uitgewist. Waarschijnlijk het laatste televisieoptreden van Talk Talk vond twee jaar later plaats, weer in *Countdown*. Je zou het als een radicaal televisiemoment kunnen beschouwen, maar de nieuwe single 'I Believe in You' is zo kalm dat er geen breuk voelbaar is. Meer desinteresse, het is muziek die voor het publiek net zo goed van een andere planeet kan komen. De faam van de laatste twee albums van Talk Talk is sindsdien enorm gegroeid (nadat ze bij verschijning vooral als raadselachtig terzijde werden geschoven.) Bijna lijkt er sprake te zijn van twee bands waarop iedereen zijn voorkeuren kan projecteren. Maar wie destijds tiener was zal wanneer hij het album weer eens opzet *The Colour of Spring* opeens anders begrijpen. Vreemd genoeg roept het niet de gebruikelijke nostalgische ervaring op, maar een kans om jezelf aan de andere kant van de tijd te horen. De mens droomt dat hij weer vlinder is.

55

# De lange schaduw van Reagan

Queensrÿche – Operation: Mindcrime (1988)

In het laatste jaar van zijn presidentschap was het tijd om de balans op te maken van acht jaar Ronald Reagan. Inmiddels is de overleden president van de Verenigde Staten uitgegroeid tot een icoon waar huidige conservatieven nostalgisch aan terugdenken, maar in wezen heeft veel van zijn beleid—met name *Reaganomics*, de War on Drugs en zijn steun aan de Afghaanse mujahideen—desastreuze gevolgen gekend waarvan de consequenties wereldwijd nog steeds voelbaar zijn. Een aantal popmuzikanten had al snel duidelijk gemaakt dat Reagan niet te vertrouwen was. Het Britse Frankie Goes To Hollywood presenteerde hem in nummers als een soort existentialistische cowboy die verlangde naar een kernoorlog. In de Verenigde Staten stortte vooral de Californische punk zich op de president als een autoriteitsfiguur die geen alternatieve levensstijl duldde naast zijn ideaal van het glunderende, blanke middenklassegezin. Het opkomende heavy metalgenre had al snel de buik vol van het evangelistische christendom, dat door Reagan was gemobiliseerd om zijn verkiezing veilig te stellen en zich vervolgens zelfverzekerd geroepen voelde om de satanische metalcultuur aan te vallen. Twee metalalbums tonen in 1988 de ambitie om verder te kijken dan de persoon Reagan en construeren een vergaande kritiek op de Amerikaanse samenleving. Na een periode van relatieve maatschappelijke rust in de jaren negentig blijken beide platen zeer vooruitziend te zijn geweest en gelden nu als een opvallend getrouw portret van de Westerse wereld.

Op hun vierde album ...*And Justice For All* bracht Metallica het zorgvuldig ontwikkelde geluid tot een nieuw extreem met lange nummers, nog meer tempowisselingen en een overdaad aan details. Dit geluid vormt een weerspiegeling van de thematiek van de plaat, een complex beeld van een samenleving waarin het individu compleet machteloos is gemaakt. Het bouwsel van logge riffs presenteert het auditieve equivalent van een onoverzichtelijk stelsel van regels en verboden dat de eenling platwalst. Zanger James Hetfield klinkt in het nauw gedreven. Woede is lastig te kanaliseren en buiten het keurslijf wacht vervuiling, oorlog, waanzin en zelfmoord. De titel van het album verwijst naar een idee van gerechtigheid, voor Metallica een soort geloofsartikel dat net als vrijheid is gecorrumpeerd, niet meer dan lege woorden in een slogan. In die periode werd namelijk met veel toewijding een controverse uitgevochten of de Pledge of Allegiance—een fictieve eed zonder inbedding in de Ameri-

kaanse grondwet die eindigt met de woorden *and justice for all*—
verplicht aan het begin van de schooldag door elke leerling
moest worden opgedreund. Dit soort opgelegd patriottisme
bloeide op onder het presidentschap van Reagan, terwijl volgens tegenstanders een spreuk waarin God als overkoepelende
macht van de natie wordt voorgesteld geen vrijheid kan uitdragen. Metal was een van de genres waarin de hypocrisie van deze
schijnvrijheid onvermoeibaar werd bekritiseerd.

Eerder dat jaar presenteerde Queensrÿche hun ambitieuze derde album *Operation: Mindcrime*. De groep had een eigen geluid
uitgewerkt dat een synthese zocht van heavy metal en progres-
sieve rock. In tegenstelling tot de vuige snelheden van trashmetal was Queensrÿche meer geïnteresseerd in helderheid en melodie. De prog-elementen werden uitgebreid toegepast op *Operation: Mindcrime*. Allereerst is het, in de traditie van progrock,
een album dat er alles aan doet om als auditieve ervaring perfect
te klinken. Recensies in die tijd roemde de plaat vaak als het
eerste pure compact discalbum, niet in de laatste plaats omdat
de speelduur van bijna een uur leek gemaakt voor de cd. Aangezien vinyl was voorbestemd om te verdwijnen werd vergeten
dat de persingen destijds van ongekende kwaliteit waren (zo
ook de L.P. van *Operation: Mindcrime* met zijn hoogwaardige
Direct Metal Mastering die goed paste bij de band met een

voorkeur voor hoge frequenties.) Puur als geluidservaring heeft *Operation: Mindcrime* met albums als *Reign in Blood* en iets later *Nevermind* een standaard gezet die in moderne rockmuziek niet wezenlijk meer is veranderd. Er kunnen verschillende esthetische keuzes worden gemaakt en de opnamebudgetten zijn afgenomen, maar een goed klinkende rockplaat met afgetekende instrumenten en duidelijk verstaanbare stem die toch een geheel vormen, heeft *Operation: Mindcrime* als voorbeeld. Dankzij de productie van Peter Collins, die eerder met het enigszins vergelijkbare Rush werkte, kan Queensrÿche dynamische verschillen ten volste uitbuiten. De uitersten in dynamiek, die Led Zeppelin voor rockmuziek grotendeels uittekende, werden in metal steeds meer geradicaliseerd, bijvoorbeeld door heel snel en onverwacht van zacht naar hard om te slaan. Queensrÿche is hier minder extreem in dan Metallica en dat geeft hun muziek een eigen bombastische elegantie die werkt door een combinatie van de beste opnametechniek en weten waar je ambities moet inperken (hier, wellicht verrassend, geen oneindige solo's).

Daarnaast is *Operation: Mindcrime* een conceptalbum. Het vertelt een afgerond verhaal—het einde van de plaat gaat over in het begin—een stijl die sinds punk in diskrediet was gebracht. Queensrÿche schildert een fictief beeld van Amerika aan het einde van acht jaar Reagan en dat beeld is, net als *...And Justice*

*For All*, profetischer geweest dan de band zich waarschijnlijk op dat moment realiseerde. Waar Metallica kiest voor een confrontatie van het individu met structuren die hem overmannen, opteert Queensrÿche voor een narratief met personages van wie de gedachten door zanger Geoff Tate worden vertolkt. Hoofdpersoon is Nikki, een jonge man die aan het begin van de plaat zwijgend in een ziekenhuis ligt en ontwaakt met dezelfde woorden waarmee hij een uur later eindigt: "I remember now..." Wat hij zich herinnert, is hoe hij als drugsverslaafde onder invloed raakt van de charismatische Dr.X, een ondergrondse revolutionair die hem overtuigt om politieke tegenstanders uit de weg te ruimen. Ondertussen raakt Nikki steeds meer gefascineerd door de non en ex-prostituee Mary, een lid van de ondergrondse beweging, die in een mengsel van seks en biecht de zonde van Nikki vergeeft. Uiteindelijk proberen beiden te ontkomen aan de macht van Dr. X wat leidt tot de dood van Mary, waarbij nooit duidelijk wordt of Nikki hier verantwoordelijk voor is.

Het gebruik van narratief en literaire conventies in popmuziek is vaak problematisch. Een plaat heeft maar een beperkte lengte waardoor zowel personages als verhaallijn uiteindelijk schetsmatig blijven. Queensrÿche redt zich hier enigszins uit door het verhaal te verankeren in impressies zonder al teveel expliciete plotwendingen te benoemen. Scènes tussen personages blijven grotendeels achterwege en kunnen door de luisteraar worden ingevuld. Dit is ook de reden waarom de tweede helft van *Operation: Mindcrime*, veel meer gericht op Nikki's twijfel over de relatie met Mary, tijdelijk aan kracht verliest. Hier is de band tekstueel het meest oppervlakkig, grijpen ze naar cinematografische sfeerimpressies als blikken in spiegels, door neon belichte straten en levenloze lichamen. Queensrÿche blijft vooral wat betreft het personage van Mary jammer genoeg steken in de makkelijkste motieven (de hoer-Madonna die hoe dan ook slachtoffer wordt). Een alternatief zou waarschijnlijk een te grote breuk betekenen met de conventies van metal, een genre dat een overwegend problematisch vrouwbeeld kent (als het vrouwelijkheid al toelaat.) De band kent zijn publiek waarschijnlijk te goed. De beoogde luisteraar zal zich graag met Nikki identificeren, de mannelijke tiener zowel op zoek naar autoriteit als (seksueel) avontuur.

Wat jammer is omdat het verhaal van *Operation: Mindcrime* wordt doorweven met een maatschappijkritiek die net zo bijtend is als *...And Justice For All*. 'Revolution Calling' en 'Spreading the Disease' zouden zo over 2015 kunnen gaan zoals ze een systeem neerzetten van corrupte politici, banken die boven de wet staan, cynische media, consumptie als leeg ritueel, gewelddadige politie en heilloze oorlogen tegen drugs. "As the one percent rule America." stelt Tate met wel heel vooruitziende blik vast. Het enige wat ontbreekt, is internet en de oorlogen vinden plaats in Zuid-Amerika in plaats van het Midden-Oosten. Maar wat is de oplossing? Het maatschappijbeeld dat Queensrÿche presenteert vormt duidelijk een kritiek waar de band in gelooft. Of zij de gewelddadige politiek van Dr. X propageren is echter minder zeker. Zijn politiek wordt overigens nooit duidelijk omschreven. Wat een slimme zet is omdat het album daardoor een tijdloze kwaliteit krijgt (het kan zich in heden of toekomst afspelen) en de luisteraar een kans geeft om er zijn eigen onvrede op te projecteren. Dr. X kan een fascist, communist of religieuze fanaticus zijn. "Educate the masses/We'll burn the White House down." is een treffend voorbeeld van de manier waarop in twee zinnen een soort socialistisch idealisme wordt gecombineerd met antidemocratisch geweld. Hoe dan ook, het is tekenend dat *Operation: Mindcrime* opvalt vanwege de maatschappijkritiek en er sindsdien geen enkele serieuze uitwerking of alternatief op volgde (al maakte Queensrÿche in 2006 nog wel een tweede deel.) Het Grote Verhaal is ook in popmuziek ten einde.

Waar zingen bands tegenwoordig eigenlijk over?

# Psychoanalyse, ritueel, rock

## Jane's Addiction – Nothing's Shocking (1988)

Onder metalheads met een avontuurlijke muzieksmaak—het type dat naar Voivod of Celtic Frost luistert—circuleerde in 1988 al snel een album dat zij vol vuur aan de man trachtten te brengen. Na herhaaldelijk zeuren accepteerde ik het album van een vriend, om het op cassettebandje over te zetten terwijl de hoes meewarig werd bestudeerd. De voorkant was zeker opvallend dankzij een foto van een naakte Siamese tweeling waarvan de haren in brand stonden. Dan het portret van de band zelf—overdadige make-up, hoeden, sieraden en dreadlocks—dat er toch, om het voorzichtig te formuleren, enigszins onconventioneel uitzag. Zo klonken ze ook.

*Nothing's Shocking*, het tweede album van de Amerikaanse groep Jane's Addiction, verschijnt op een interessant moment voor de rockmuziek. De Grote Vier van de trashmetal (Metallica, Anthrax, Megadeth, Slayer) bevinden zich binnen hun genre op het hoogtepunt van hun faam en tegelijkertijd is de alternatieve gitaarmuziek (Sonic Youth, Pixies, My Bloody Valentine) aan een nieuwe opmars begonnen. Jane's Addiction positioneert zich op een gunstig punt tussen beide werelden. Net als de alternatieve gitaarbands Hüsker Dü, Dinosaur Jr. en Butthole Surfers heeft Jane's Addiction een zekere hippie-uitstraling. Maar nergens ademt het een retro-verlangen naar de *sixties* uit. Die weg terug is door punk definitief afgesloten. Ze maken een muziek die de expansie van rock uit de jaren zestig omarmt met de houding van punk. Jane's Addiction biedt tegelijkertijd een alternatief voor de band van het moment die net als zij uit Los Angeles komt. Guns N' Roses is plotseling overal aanwezig nadat 'Sweet Child o' Mine' de hitlijsten heeft bezet. Ze zijn amoreel, gluiperig, bijna dierlijk in hun honger naar destructie. Een zeer goede band, maar moeilijk om van te houden.

Dit in tegenstelling tot Jane's Addiction. Wie ze de tijd gunt hoort een band die een intrigerend wereldbeeld uitdraagt. Het is een van een handvol bands die een levensstijl presenteert, een ethiek aandraagt. De leden van Jane's Addiction gebruiken bijna net zoveel drugs als Guns N' Roses, maar houden genoeg tijd over voor andere interesses: ze lezen boeken, bezoeken musea, maken films, schilderijen en beeldhouwwerken. Een kunstzinnige band met aan het hoofd een wat ielige zanger met scherpe gelaatstrekken en een priemende blik die de hele wereld in zich op lijkt te willen nemen. Perry Farrell trok als surfer naar Los Angeles waar hij uiteindelijk drie muzikanten vindt die zeven jaar jonger zijn. Vanuit hun vervallen basis Hollywood smeden ze plannen om op eigenzinnige wijze de wereld te elektrificeren. Dat Jane's Addiction tot grote daden komt is, gezien de botsing van persoonlijkheden, soms moeilijk voor te stellen. Op het moment dat de opnamen van *Nothing's Shocking* beginnen, eist Farrell op cruijffiaanse wijze plotseling een groter deel van de inkomsten op. Als koppig visionair lukt het hem om deze verdeling door te zetten, maar daardoor zal de relatie met bassist Eric Avery nooit meer goed komen. Dat drie van de vier bandleden bovenmatig geïnteresseerd zijn in heroïne helpt niet. Het is de vriendelijke drummer Stephen Perkins die de band lijkt te aarden. Niet alleen op persoonlijke vlak.

De ritmische basis van de muziek van Jane's Addiction is hoorbaar anders. Metal was uitgegroeid tot een rigide muziek waar strakheid van riff en drums als hoogste goed werd beschouwd. Perkins opent het ritme met een tribale soepelheid die de band de mogelijkheid geeft om vreemde kronkels te maken. De muziek van Jane's Addiction golft, valt opeens weg, stuwt omhoog, maakt onverwachte bochten. Perkins wordt bijgestaan door de tegendraadse baslijnen van Avery, veel lomer dan de conventionele rockbassist en duidelijk beïnvloed door dubreggae en het spel van Jah Wobble bij P.I.L. De ritmesectie maakt metal vloeibaar. Gitarist Dave Navarro speelt hier bijna telepathisch op in met zijn intuïtieve spel vol uithalen, dalende en stijgende riffs. Dit is precies de bedoeling van surfer Farrell en *Nothing's Shocking* begint dan ook als een dubbele ode aan de oceaan. 'Up the Beach' is een uitnodiging tot de Jane's Addiction-wereld: een melodieuze baslijn, drums ondergedompeld in reverb en gitaarlijnen die omhoog klimmen. Farrell zingt woordeloos mee totdat hij de zin "here we go" vindt en uitrekt, om kalm te concluderen: "home…home…home." Daarna ontploft het geluidsspectrum met 'Ocean Size' dat, wanneer Farrell zingt "I want to be/As deep/As the ocean", voelt alsof enorme golven zich op je storten. En niet onbelangrijk: je opent de armen om ze ontvangen en weggespoeld te worden. Op deze manier combineert Jane's Addiction surfen, heroïne, rock en seks tot een verlangen dat Freuds favoriete leerling Sándor Ferenczi verklaarde als een poging om terug te keren naar de baarmoeder: een comfortabele, alles omhullende, vloeibare wereld. Ferenczi ging een stap verder in zijn speculaties: de baarmoeder is het symbool van een diepere wens, namelijk een regressie naar de oorsprong van het leven, de oceaan.

De band weet dat rock vooral over grote gevoelens gaat. *Nothing's Shocking* zit vol nietzscheaanse "samples": Farrell die als Zarathustra van de berg afdaalt (Mountain Song), mensen bekritiseert die "op hun knieën leven" (Idiot's Rule), onder de douche nadenkt over macht en hoe het te gebruiken of er door te worden vernietigd (Standing in the Shower) en vanzelfsprekend het bevrijdende besef dat God dood is (Had a Dad). Een wervelend wereldbeeld op zoek naar grenzen die overschreden moeten worden en waarin vaak een vrouwfiguur opdoemt die de verhitte verbeelding van Farrell afremt en hem balans schenkt. Deze terugkerende vrouwfiguren zijn opvallend. Wat drie bandleden verbindt is tragedie. Als tiener werd Navarro's moeder op gruwelijke wijze door haar vriend vermoord en Farrells moeder pleegde, toen hij drie jaar oud was, zelfmoord. De band weet ook dat de trauma's niet uitgespeld maar gemythologiseerd moeten worden. Het is in de werkmethode van Jane's Addiction verweven, zodat Avery zijn nummers bij Farrell afleverde die de thema's vervolgens met gevoel voor grandeur uitwerkte. Dus 'Had A Dad', in eerste instantie een nummer over Avery's ontdekking dat zijn vader niet zijn biologische vader is, wordt door Farrell omgevormd tot een nietzscheaansfreudiaanse parabel die de ervaring tot existentieel theater maakt.

Bij een wervelend wereldbeeld hoort een gelijkwaardig geluid. Producer Dave Jerden beschrijft mooi het gevoel dat Jane's Addiction teweegbrengt:

Perry gave me a tape of all these bits and pieces of music that the band had. It had this feeling like our entire culture was in there, distilled into one idea, and that idea became *Nothing's Shocking.*

Dit gevoel is het meest tastbaar op 'Ted, Just Admit It', het lange nummer dat een centrale plek kreeg toebedeeld. Hier klinkt de band op zijn meest kosmisch, een unieke synthese van rock en dub—ruimte, bas en de zang van Farrell wiens "everybody…everybody" door echo uit elkaar wordt getrokken— waar de stem van seriemoordenaar Ted Bundy in verschijnt: "There's gonna be people turning up in canyons…" Dan volgt een versnelling waarbij het gevoel ontstaat dat je de Amerikaanse realiteit van grote hoogte overziet en er tegelijkertijd doorheen beweegt, elk detail binnen bereik, media als het eindstation van voyeurisme. Farrell kraait herhaaldelijk "Sex is violent" totdat alles in feedback uit elkaar valt. 'Ted, Just Admit It' is de probleemstelling waar de band op diverse manieren oplossingen voor probeert te formuleren. Na deze verkenning van Hiëronymus Bosch als reality-tv klinkt *Nothing's Shocking* opener, opgewekter en gaat het definitief voorbij de heersende metalconventies. 'Summertime Rolls' is een tedere liefdesutopie, een glinsterende geluidswereld met een hoofdrol voor Navarro's wegstervende gitaarstreken, waarna iedereen ontwaakt en Farrell in een van de meest sublieme momenten in rock zingt: "She sings a song and I listen to what it says". 'Idiot's Rule' wordt voortgestuwd door tetterende coke-trompetten, terwijl 'Jane's Says' met zijn opvallende steeldrums verraderlijker is, want eigenlijk een van de meest trieste liedjes die er bestaat, een even scherpzinnig als empathisch portret van een vrouwelijke junkie (en bekende van de band.)

Farrell presenteert zichzelf als een profeet die uit Hollywood, de tempel van de Westerse decadentie, opstaat en optrekt met de buitenstaander: de poëet, prostituee, doper en kunstenaar (zijn artiestennaam vormt niet voor niets een woordgrap: *peripheral*...perifeer, aan de rand.) *Nothing's Shocking* vormt een perfect document, maar dat is niet genoeg. Voor Jane's Addiction is rock een ritueel, een heidense religie die pas echt tot leven komt tijdens het liveoptreden. In die zin is Jane's Addiction de ware opvolger van hun oude stadsgenoten The Doors, wier zanger Jim Morrison veel van het theoretische *en* praktische grondwerk had ondernomen in het onderzoek naar de relatie tussen rock en theater, religie en extase. Jane's Addiction ontwikkelt zich door lange reeksen van optredens tot een uiterst effectieve liveband die als een magneet werkt op een publiek dat verlangt naar vervoering. Al snel verzint Farrell een ritueel waarbij hij tijdens het eerste nummer (bij voorkeur 'Up the

Beach') pontificaal een fles wijn hoog houdt, afgewisseld door enkele teugen:

The people who do drugs—I can *see it* in *their eyes*—they want me to hail them...what can I say?

Dit is rock als geloof, een zelf ontworpen theater waar het publiek door de zanger leeft en de gift van muziek ontvangt. Het is een relatie die altijd latent aanwezig is in het rockconcert, maar die Jane's Addiction als geen ander cultiveert. Hierbij maken ze gebruik van een nieuwe connectie met Santería, de religie uit het Caribische gebied dat allerlei elementen van het rooms-katholicisme combineert met lokale religies als Yòrúba. Wanneer de band de kans krijgt, tuigen ze het podium op tot een altaar met kaarsen, bloemen en portretten van heiligen (altijd vrouwelijk!) Die heiligen—afbeeldingen van Santa Lucia en Anima Sola—keren ook terug op de bandshirts waar je als fan al snel mee in het oog liep. Vooral die laatste, een geketende vrouw in vlammen die de handen en blik omhoog werpt, is fascinerend en leent zich voor talloze interpretaties. Is zij de ware mascotte van de band? De verslaafde als verloren ziel, eenzaam geketend in het vagevuur, hopend op verlossing? Hoe dan ook, optredens van Jane's Addiction vormden louterende ervaringen met een hele eigen energie die niet lang was vol te houden en dat wisten ze. In rock ligt een pact verborgen: de opgewekte energie vraagt om een offer, vaak in de vorm van een jonge dood. Het is dat of de routine die uiteindelijk uitmondt in machteloosheid. Jane's Addiction weet hier in eerste instantie op slimme wijze aan te ontsnappen. Al vroeg in hun carrière kondigen ze aan dat de band op het hoogtepunt uit elkaar zal gaan. Dit gebeurt daadwerkelijk in 1991 nadat ze met *Ritual de lo Habitual* (1990) nog een keer vlammen. Als fan was dit geen verrassing en nam je de belofte serieus, hier werd voor je ogen immers iets belangrijks, met gewicht, gesmeed. Dat de band jaren later toch terugkeerde, vrijwel nooit in de originele formatie, is totaal betekenisloos. Het moment is voorbij.

# De goddelijke farmacologie

## Spacemen 3 – Playing with Fire (1989)

Drugs. Laten we het eens hebben over drugs en popmuziek. Je hoort de laatste jaren wel vaker de opmerking "bands van tegenwoordig moeten meer drugs gebruiken." Wat wil men daar mee zeggen? Een manier om het uit te leggen is dat het imago van de huidige rockster wat aan de brave kant wordt gevonden. Inderdaad moet men concluderen dat de *living on the edge* buitenstaander langzaamaan is uitgestorven. Maar had hij niet gewoon zijn langste tijd gehad? Zoals de sardonische televisieserie *Californication* keer op keer bewijst is de klassieke rocker verworden tot een vermoeiend cliché. Pete Doherty, de laatste levensstijlrocker, is vooral bekend gebleven om zijn drugsgebruik en aanverwante perikelen. Zonder muziek van enig belang is hij een theaterstuk dat vooral ramptoeristen aantrekt. Het is gedrag dat niet past in een maatschappij die grotendeels gericht is op een foutloze zelfpresentatie, het ideaal van het gezonde lichaam en een lang leven (met rode wijn, in mate, als goedgekeurd genotsmiddel.) Niet dat stimuleringsmiddelen compleet zijn verbannen, de fitnesswereld vormt een van de schemerzones waar de experimenteerdrift van weleer springlevend is, nu in dienst van het efficiënte lichaam, de "droogste" spier.

Maar er bestaat een ander niveau van drugsgebruik dat niet zozeer te maken heeft met de levensstijl van de muzikant—de glamour van feesten, de geestdodende routine van het leven op tournee—als de praktijk van het musiceren. Zoals Spacemen 3 in een handige slagzin zou samenvatten: *taking drugs to make music to take drugs to*. Vanaf de jaren zestig zijn drugs een vruchtbare relatie aangegaan met opnametechnologie, waarbij de auditieve effecten die je onder invloed waarneemt versterkt worden door middel van de muziek. In die zin zijn de afgelopen tien jaar een uiterst onpsychedelische periode gebleken. Danceproducers blowen nog steevast om de diepte van bassen te kalibreren en details in het geluidsspectrum te ontwaren maar dat is bijna het studio-equivalent van een pot koffie. De echt radicale drugs—ecstasy, LSD, MDA, DMT—werken op een ander niveau door: ze nodigen uit tot het doorbreken van regels en muzikale conventies. Dit psychedelische gebrek is een van de redenen waarom popmuziek de laatste jaren grotendeels stagneert in een herhaling van zetten, waarbij anorectische indiebandjes, singersongwriters en het opgeblazen ego van Kanye West de dienst uitmaken. Kortom, een album als *Playing with Fire* is tegenwoordig ondenkbaar.

*Playing with Fire* (1989) is het derde album van de Engelse groep Spacemen 3. De twee kernleden Sonic Boom (echte naam Peter Kember) en Jason Spaceman (Jason Pierce) waren, tegen de tijdgeest van de mid-jaren tachtig in, gefascineerd door sixties psychedelica. Tegenwoordig is vrijwel elke plaat heruitgegeven en met een paar muisklikken te streamen, maar in 1985 vormde dit verloren kennis die door een selecte groep connaisseurs werd verzameld. Wat Spacemen 3 speciaal maakte, wat ze voorbij epigonisme tilde, was de manier waarop ze de drie-eenheid Velvet Underground/Stooges/MC5 met onverwachte invloeden (The Staple Singers, Howlin' Wolf, Sun Ra) kruisten. Hierdoor ontstond een intrigerende hybride, met als beste voorbeeld de vroege single 'Walkin' With Jesus'. De groep presenteert hiermee ook de contouren van een kernidee: in drugs huist een goddelijke essentie.

I walked with Jesus and he would say
"Oh you poor child, you ain't comin' to me no way
You've found Heaven on Earth, gonna burn for your sin."

De serieuze drug veroorzaakt een ongekende extase die de gebruiker daarna doet neerdalen in een fase van vermoeidheid, wanhoop en depressie. Een zondeval van de gebruiker die weemoedig verlangt naar een terugkeer van het licht dat zijn hele wezen in vuur en vlam zette. Die spanning tussen genot, kennis, zonde en vergeving zou beide muzikanten blijvend fascineren.

Spacemen 3 was in ongeveer drie jaar uitgegroeid tot een cultband met een goede livereputatie. Tijdens optredens werd hypnotische muziek belicht door stroboscopen die de aanwezigen uitnodigden om zittend, of naargelang de hoeveelheid ingenomen psychoactieve stoffen liggend, te luisteren. Er viel verder niet veel op het podium te zien omdat beide zanger-gitaristen bij voorkeur geconcentreerd op een stoel zaten. Vergeleken met hun eerste albums waarop de band nog zoekende is, zet *Playing with Fire* een reuzenstap vooruit. Het hypnotische geluid—hier geperfectioneerd met de cirkelzaagriff van 'Revolution' en het distortiondoolhof 'Suicide', nummers die naadloos in de livesets werden verwerkt—krijgt de kans om te ademen. De kalme liedjes passen in een typisch pastorale traditie van Engelse jaren zeventig rock nadat de energiestoot van de *sixties* uitgewerkt blijkt. Tegelijkertijd is er een onbestemde verwantschap met de meer zorgeloze ambienthouse van Aphex Twin, Ultramarine en The Orb die binnen een paar jaar de weg van de metropool richting het platteland hoorbaar maakt. De stemsample die *The Orb's Adventures Beyond the Ultraworld* (1991) introduceert had net zo goed aan het begin van *Playing with Fire* kunnen klinken: "Over the past few years to the traditional sounds of an English summer, the droning of lawnmowers, the smack of leather on willow, has been added a new noise."

Mistige zon, heuvels, de geur van gemaaid gras: 'How Does It Feel?' begint poëtisch met een korte, gefluisterde tekst die aan een geliefde is gericht. Waarna een lange instrumentale passage volgt, gespeeld op twee gitaren, waaronder de Vox Starstream Teardrop met ingebouwde echo (hét geluid waaraan je Spacemen 3 direct kunt herkennen.) De herhaling van de korte melodie doet onmiskenbaar denken aan de zonnige passages uit 'Autobahn' van Kraftwerk. Niet alleen opent dit voor de band talloze nieuwe muzikale mogelijkheden, Spacemen 3, de bleke dopers, zijn in zorgeloze zonneaanbidders veranderd. Dan wordt de verticale roes doorbroken met de terugkeer van Sonic Boom, maar zijn stem, eerst introvert, klinkt bijna machinaal. De vraag "How does it feel?" wordt liefdeloos uitgesproken met de hooghartige intonatie van de geoefende tripper die vanuit zijn psychedelische thuisland de debutant over haar entree in de nieuwe wereld ondervraagt.

Het grootste deel van *Playing with Fire* is *chilled out*, verzonken met behulp van diepe bassen ('Let Me Down Gently') of zacht voortgestuwd door een orgel met slimme uitschieters ('I Believe It'). Voor een album dat is opgebouwd rond het thema drugs—

of *pharmakon* om een chique Griekse term te gebruiken die veelzijdiger is en sacrament, medicijn, gif of roesmiddel kan betekenen—worden er ook verrassend weinig opvallende effecten gebruikt. Spacemen 3 zoekt een eenvoudig gevoel, een intieme kalmte waarmee de rest van de wereld, altijd nerveus in beweging, kan worden geobserveerd. Met het afsluitende 'Lord Can You Hear Me?' wordt een staat van pure stilstand bereikt. De slow motion extase is daarvoor al een paar keer uit elkaar getrokken, wolken zijn langs de zon getrokken die de tevreden glimlach doen verdwijnen. Spacemen 3 is wat dat betreft eerlijk over de drugservaring, het eindigt eenzaam en met koude rillingen. En zelden heeft iemand eenzamer geklonken dan Jason Pierce op deze ambient gospel. Wie met vuur speelt brandt af en toe zijn vingers.

Bij het verschijnen van *Playing with Fire* stond Spacemen 3 aan de vooravond van een glorieuze carrière. De recensies waren uiterst positief en Sonic Boom wist in interviews het momentum te versterken door met sappige oneliners over zijn drugsgebruik te strooien. Een lucratief platencontract wachtte. Bovendien werden pioniers Spacemen 3 eindelijk in een adem genoemd met een nieuwe golf innovatieve gitaarbands als Loop, My Bloody Valentine, A.R. Kane en House of Love. De band had ook nog eens het voordeel dat het ingetogen *Playing with Fire* een bepaald gevoel uitademde dat het goed deed bij gitaarfans die net nieuwsgierig het nieuwe continent van MD-MA en acidhouse verkenden. Het is een uitstekende comedownplaat, muziek die je opzet bij thuiskomst na een nachtlang dansen. Zonder opportunistisch dansritmes te gebruiken kon Spacemen 3 meegezogen worden in de maalstroom van rave en wellicht uitgroeien tot *de* rockband van de jaren negentig…maar dat gebeurde niet. Al tijdens de opnamen van *Playing with Fire* was de relatie tussen Kember en Pierce verslechterd. Een combinatie van drugs, constante irritatie van Kember over de relatie tussen Pierce en zijn vriendin, de scheve verhouding van het aantal geschreven liedjes op het album en daarbij horende credits, zorgden voor een breuk. De opvolger *Recurring* (1991) werd een vreemd afscheid waarbij beide leden elk een kant van de LP netjes voorzagen van eigen nummers. Al voordat *Recurring* in de winkels lag, gingen Kember en Pierce verder als Spektrum en Spiritualized, allebei sterke projecten die lange tijd met eigen accenten de vlam van Spacemen 3 in leven zouden houden.

# Een parallelle rockgeschiedenis
## The Young Gods – L'Eau rouge (1989)

Stel dat door een rimpeling in de tijd een van de dadaïsten op een avond in Cabaret Voltaire een gitaar elektrisch versterkt. Het aanwezige publiek krijgt in 1916 een vreemde, ritmische muziek vol primitieve kreten over zich heen. Zürich is de geboorteplaats van rock 'n' roll. Van daaruit verspreidt het zich over de rest van de wereld. Maar de belangrijkste innovaties keren altijd terug naar hun bron. Ook heavy metal wordt uiteindelijk in Zwitserland uitgevonden door een trio dat zich The Young Gods noemt. Hun eigenzinnige hybride, een combinatie van rock met klassieke muziek door middel van de sampler, verrast de liefhebber die op zoek is naar nieuwe geluiden.

Hoe vreemd het nu—in deze realiteit—mag klinken, in 1987 werd een album van een Zwitserse groep door het Britse weekblad *Melody Maker* uitgeroepen tot album van het jaar. Eerder dat jaar had de jonge criticus Simon Reynolds zijn recensie van het gelijknamige debuut van The Young Gods geëindigd met de memorabele woorden: "The future starts *here.*" Twee jaar later volgde *L'Eau rouge* dat hun Nieuw Sonische Architectuur, zoals ze de muziek zelf omschreven, omvormde tot een stilistische eenheid. Zanger Franz Treichler, die tot dan in het Engels, Duits en Frans heeft gezongen, besluit bijvoorbeeld om alle nummers in het Frans te vertolken. Het geluid van de band wordt in drie genres onderverdeeld die ze compleet naar hun hand zetten: metal, klassieke muziek en chanson.

*L'Eau rouge*, het rode water, bloed als eerste associatie? Wellicht een verwijzing naar hun landgenoot Carl Jung en zijn visioen van een dreigende wereldoorlog die Europa als een vloedgolf van bloed zal onderdompelen. Nooit wordt deze link expliciet gelegd (het titelnummer heeft het over het rode water "waarvan men zegt dat het brandt"—rode wijn?), al is de wereld die The Young Gods op het album presenteert door en door Europees. Een hedendaags Europa waar, als in sommige films van Hayao Miyazaki (bijvoorbeeld *Majo no Takkyūbin*), de Tweede Wereld-oorlog nooit heeft plaatsgevonden. *L'Eau rouge* klinkt als een stad, maar het is zeker geen moderne naoorlogse stad vol glim-mende hoogbouw. Dit is een droomstad, waar verleden en on-derbewustzijn bijeenkomen. Met zijn onverwachte wendingen vormt de muziek een auditief stratenplan vol steegjes, onbe-kende pleinen, intimiderende schaduwen, waar orgels klinken die afgewisseld worden door een optocht van trommelende kinderen. Treichler beweegt lachend door die stad, dronken op

zoek naar indrukken en verrassingen, in teksten die routes trek-
ken door 'Ville nôtre' (onze stad, thuisstad Fribourg met zijn
middeleeuwse centrum?), waar honden huilen, iedereen danst,
talloze vrouwen als 'Charlotte' wachten op 'Rue des Tempêtes'.

De stad als entiteit waarin men controle verliest. En zo klinkt
*L'Eau rouge* ook. Keyboardspeler Cesare Pizzi is aangewezen als
hoofdarchitect. Met zijn Akai S900 sampler is hij constant op
zoek naar een draaikolkeffect, het maakt niet uit of orgel, orkest
of gitaarriff als basismateriaal dienen. Wat altijd heeft verbaasd
is de manier waarop The Young Gods in die eerste jaren de
sampler wist te gebruiken. Treichler was op het basisidee voor
het groepsgeluid gekomen door zijn investering in een Super
Replay gitaarpedaal van Electro-Harmonix, een proto-sampler
waarmee een gitarist een melodie of riff kan opnemen om daar
weer overheen te improviseren. Vanwege het beperkte geheugen was de sampletijd in de jaren tachtig vrij kort, geluiden
werden hierdoor meestal als accenten of gimmick ingezet. Pizzi,
met input van Treichler en producer Roli Mosimann, beschikt
over een ongekend gevoel voor timing, het naadloos plaatsen
van samples zodat in plaats van de korte *loop* met bruuske kreten, zinsdelen en andersoortige geluidsfragmenten, een golvend
effect wordt gecreëerd. Opener 'La Fille de la mort' is The
Young Gods op hun meest ambitieus. Een herhalend orgel

trekt de luisteraar langzaam naar binnen, totdat strijkers beginnen rond te cirkelen en in bombastische fragmenten als gigantisch golven neerdalen. Het album eindigt met een antwoord in dezelfde stijl. 'Les Enfants' presenteert een volstrekt nieuw model voor klassieke muziek—cyberklassiek?—een bizar staaltje sampladelica waar met orkestrale fragmenten wordt gestrooid als de Tovenaarsleerling in zijn meest zelfverzekerde stemming.

Het belangrijkste contrast wordt gevormd door de opzwepende rocknummers, een soort machinemetal met tunnelvisie, waardoor Treichler zich maar al te graag laat lanceren (hier 'Rue des Tempêtes' en 'Longue route'.) In deze tracks duikt het signatuurgeluid van de band op, een sublieme maalstroom van riffs, die vreemd genoeg zelden door andere artiesten is gekopieerd (alleen jungleproducers als Goldie, Dillinja of 4-Hero raakten later geïnteresseerd in eenzelfde effect.) Pizzi weet ze op de meest onverwachte momenten af te vuren waardoor een surfende luisterervaring ontstaat. Geen grip, alleen maar een snelle beweging voorwaarts. Verrassing is volgens Treichler inherent aan het gebruik van samples:

What struck me about it is that abstraction of things. Because when you watch a band, you can anticipate most of the time what's going to happen because you physically see the guitar. You see he's going to play. If you have all this on the keyboard, you never know what's going to come next. Is it going to be a wall of guitars? Is it going to be violent? Is it going to be pleasant? It puts you back to a state where it's like the first time you're listening to music because you don't know what it is.

Wanneer Treichler op 'Longue Route' door riffs—inderdaad als een jonge god— wordt gedragen, die plotseling onder hem vandaan vallen, weer opvangen en tollend verder werpen, waarna hij bezeten "D'accord" blijft scanderen alsof hij limiet na limiet doorbreekt, is er geen enkele rockband die dezelfde intensiteit bezit als The Young Gods.

Uniek zijn heeft vanzelfsprekend voordelen. Door de schrijvers en lezers van *Melody Maker* werd The Young Gods omhelsd als een exotische entiteit die vrijwel compleet buiten het Angelsaksische model viel. Op het Europese vasteland herkende men een band die, net als Kraftwerk in het vorige decennium, de eigen identiteit wilde verkennen. Niet als een nostalgisch verlangen naar strikt lokale gebruiken, maar een pan-Europese synthese van talen, traditie en futurisme. Maar Kraftwerk lukte het onmogelijke door, met behoud van identiteit, succesvol te zijn in de Verenigde Staten. Op de top van hun kunnen met *L'Eau rouge* richt de band zich vervolgens op een oversteek van de oceaan. The Young Gods beschikt over elementen die gunstig stemmen. Zoals The Doors een Europese dimensie—van Griekse mythologie, Artaud en Kurt Weill—toevoegde aan de

Californische zonnecultus, werd The Young Gods op zijn beurt beïnvloed door The Doors: in Treichlers charismatisch-fysieke podiumpresentatie, het verlangen naar een doorbraak/extase, het concert als ceremonie.

Maar The Young Gods lijkt ongrijpbaar voor de Amerikaanse markt die streng in formats is gesegmenteerd. De band is veel te kunstzinnig voor metal, te metal voor industrial en te technologisch voor gitaarliefhebbers. Bovendien is Treichlers gruizige stem er een om van te houden of te haten (in Amerikaanse recensies is dit vaak waar men over valt.) Tegenwoordig stelt drie jaar niets voor, maar in de periode na *L'Eau rouge* laat de band het momentum ontglippen. In de aan het begin beschreven parallelle geschiedenis van rock 'n' roll speelt Kurt Weill wellicht de rol van Elvis. The Young Gods eren hem in 1991 met een album dat veel fans verbaast als een wellicht te uitgebreide studie van het verleden voor een band die wordt gevierd als embleem van het futurisme. Een jaar later is *T.V. Sky* gebouwd om Amerika te verleiden. Het geluid bestaat nog steeds uit een kolkende stroom van riffs en samples, maar nu zingt Treichler alles in het Engels. Het lange 'Summer Eyes' refereert meer dan ooit aan The Doors, met een orgelsolo die rechtstreeks van *L.A. Woman* lijkt te zijn overgenomen. Het is het klassieke geval van de Europeaan—Baudrillard, Antonioni, Wenders—die

verwonderd door de weidse landschappen van Amerika beweegt, waar beschaving nog net door de weg in stand wordt
gehouden. In de woestijn is het makkelijk verdwalen. Een ander
soort verdwalen dan in een Europese binnenstad. Of in technologie…nooit zou The Young Gods meer zo krachtig klinken als
in de periode dat zij werden gestuurd door beperkingen.

# Bescheiden waanzin

## Throwing Muses – The Real Ramona (1991)

Een van positieve effecten van punk was ongetwijfeld dat het vrouwen een kans gaf om rockmuziek op volstrekt eigen manier te gebruiken. Niet alleen bevrijdde het vrouwelijke muzikanten van een beperkt aantal personae waarmee ze zich konden presenteren, punk creëerde een opening om ongegeneerd en naar eigen inzicht over elk denkbaar onderwerp te zingen. De eerste pioniers Patti Smith, Nina Hagen en Siouxsie Sioux verkenden een onontgonnen terrein waardoor in de jaren tachtig een veelheid aan stemmen kon klinken. De tweede helft van dat decennium is al eerder geanalyseerd als een wedergeboorte van gitaarmuziek in een vlammende synthese van punk en psychedelica. Even karakteristiek was de manier waarop de vrouwenstem een nieuwe rol in popmuziek opeiste. Dit was een periode waarin Lisa Gerrard van Dead Can Dance een mysterieus mengsel van middeleeuwen en Oriënt kon oproepen, Björk van The Sugarcubes zich een ongekende vocale vrijheid permitteerde, Mary Margaret O'Hara heel kort furore maakte en Liz Fraser van Cocteau Twins in een volstrekt eigen taal zong. Daarnaast ontpopte het narcotisch-sensuele stemgeluid van

Kim Gordon (Sonic Youth), Kim Deal (Pixies) en Bilinda But-
cher (My Bloody Valentine) zich als een essentieel bestandsdeel
van hun respectievelijke bands. Vaak bleken zij populairder te
zijn dan hun mannelijke tegenhanger.

Tussen al deze stemmen was nog plek voor een band met twee
zangeressen waarvan het debuutalbum in 1986 veel opzien
baarde. In het Amerikaanse poplandschap met zijn contrast
tussen Grote Stad en het Zuiden bevond Throwing Muses zich
aan de periferie. De band werd opgericht in Newport, een idyl-
lische kustplaats op het Aquidneck Island in de staat Rhode
Island. De drijvende kracht van de band was zonder meer zangeres Kirstin Hersh, wier elastische en gejaagde stem prachtige
beelden opriep terwijl het in de nerveuze postpunk, vol ritmische afwisseling, werd verweven. Het tijdschrift *Melody Maker*—
dat zich in dezelfde periode opwierp als ideologisch centrum
om de vernieuwing in popmuziek te stimuleren—betitelde
*Throwing Muses* als het beste debuutalbum van de jaren tachtig.
Een kwalificatie die de band eigenlijk meer kwaad dan goed
deed. Throwing Muses leek uit het lood geslagen en was op
vervolgalbums zoekende terwijl labelgenoten en toermaten
Pixies het al snel tot nieuwe lievelingen schopten.

Pas op hun vierde album leek Throwing Muses een balans te hebben gevonden tussen thematische rijkdom en een uitgekiend gevoel voor melodie. De stem van Hersh lijkt vrijwel onder controle, de vocale uithalen waar de liefhebber van stemacrobatiek in de beginjaren zo verrukt van raakte, zijn tot een minimum beperkt. Het resultaat is een van de definitieve Amerikaanse indierockplaten, het zusteralbum van *Doolittle* (1989) waarmee het grotendeels eenzelfde geluid deelt (terwijl ironisch genoeg Gil Norton, de producer van hun debuut, inmiddels in vaste dienst van Pixies was getreden.) Muzikaal is *The Real Ramona* een typisch voorbeeld van een plaat waarop alle voorgaande elementen worden bijgeschaafd om ze zo volledig tot hun recht te laten komen, zonder overgeproduceerd te klinken. Samen met producer Dennis Herring vormde Throwing Muses de standaard—de *distortion* van de gitaar, bepaalde akkoorden, basloopjes, harmonieën—waarmee een bepaalde periode van Amerikaanse rock wordt gedefinieerd.

Deze hoogwaardige transparantie maakt van *The Real Ramona* een lastig te analyseren plaat. Wie verder graaft stuit als snel op twee belangrijke gevaren die met elkaar zijn verbonden. Een reflex is om naar tekstanalyse te grijpen want Throwing Muses is op woordniveau zeer verleidelijk. Hersh beschikt niet alleen over een markante stem maar zij bezit ook de gave om woorden te kiezen die naadloos poëtisch klinken. Zoals veel artiesten omschreef ze dit als een proces waarin de woorden zich van buitenaf aan haar opdrongen. Een klassieke vorm van inspiratie: de artiest die in extase belichaamd raakt door de gedachten van de goden. Het probleem met de analyse van songteksten van Throwing Muses is hun sterk surrealistische karakter. Dat betekent niet hetzelfde als onbegrijpelijkheid. Hele tekstflarden zijn lucide wanneer ze gezongen worden ("I keep looking in the mirror/Afraid that I won't be there"), terwijl ze op papier geheel onnavolgbaar blijken te zijn. De teksten staan volkomen open voor interpretatie en de visionaire pracht is gewoonweg het beste te ondergaan in het moment, als onderdeel van de muzikale constructie.

De psychoanalyse vormde een niet te overschatten invloed op de originele surrealisten en ook bij Throwing Muses is die link nog steeds manifest aanwezig. Vanzelfsprekend gaat een liedje als 'Ellen West' over een schizofrene vrouw en in de interviews rond *The Real Ramona* sprak Hersh eindelijk openlijk over wat de goede verstaander al dacht te kunnen bevroeden, namelijk dat ze zelf aan een bipolaire stoornis lijdt (een volstrekt verkeerde diagnose zoals ze veel later in haar autobiografie *Rat Girl* zou uitleggen.) Het gevaar is dat Hersh hierdoor zoiets wordt als het "gekke vrouwtje", een omschrijving die al snel wordt

toegepast op zangeressen die maar enigszins van de norm af-
wijken wat betreft presentatie, onderwerpen, lichaam of stem.
Aan de andere kant bestaat er een onmiskenbare romantisering
van de psychische afwijking door de artiest, of nog beter *van* de
artiest. In de moderne tijd komt dit samen in de figuur van An-
tonin Artaud, de Franse toneelschrijver die zijn hele leven aan
psychische stoornissen leed en tegelijkertijd een rituele kunst
zonder dialogen voorstond. Artaud groeide na zijn dood al snel
uit tot de favoriet van filosofen, schrijvers en critici met een
interesse in avant-gardistische kunst. Het was de belezen Jim
Morrison die Artauds ideeën over een "wreed theater" overhe-
velde naar rockmuziek, waarop het inderdaad wonderbaarlijk
goed toepasbaar bleek te zijn.

Hersh heeft dit beeld zoveel mogelijk willen bestrijden ("ziek
zijn is een vernedering") maar ze is van het begin af aan onmiskenbaar door het mentale gefascineerd. Het oeuvre van Throwing Muses leest als een catalogus van psychische aandoenin-
gen ("I feel like an alarm clock", "I have two heads", et cetera.)
Vaak is de geest van het lichaam gescheiden, en de geest op zijn
beurt weer gespleten, al wordt het lichaam daarbij niet vergeten.
Op *The Real Ramona* is een afstand te ontwaren—zowel be-
vreemdend als geruststellend—waardoor niet wordt geflirt met
horroreffecten van het gepijnigde, het bloedende lichaam, dat

waar steeds meer zangeressen openlijk over zongen (bijvoorbeeld 'Hellbound' van The Breeders.) Meer dan ooit zingt Hersh met droomachtige verwondering woorden als "This woman literally/Felt she had a hook in her head." Wat het vreemd genoeg realistischer doet overkomen. Hier onderscheidt Throwing Muses zich uiteindelijk van Pixies wiens surrealisme speelser en agressiever is. Black Francis is meer een ouderwetse verteller van rare en grappige verhalen, Hersh leeft de intensiteit en wil juist afstand creëren.

De instrumentale miniatuur 'Dylan'—een moment van woordeloze zang en zachtmoedige gitaar—is een manier waarop Throwing Muses de meer duistere kant kadert. Met de naam van haar zoon in gedachte is het niet moeilijk om de positieve rol van moederschap te plaatsen. Daarnaast was Throwing Muses altijd een band van contrasten omdat gitariste Tanya Donelly eigen nummers bijdroeg die voor respijt zorgden in het hershiaanse landschap. Zo ook op *The Real Ramona* waar 'Honeychain' en 'Not Too Soon' duidelijk maken dat Donelly te goed is om nog een bijrol te spelen. Datzelfde jaar zou ze de groep verlaten en uiteindelijk Belly oprichten, nadat ze in The Breeders opnieuw werd overschaduwd, ditmaal door Kim Deal. Ergens is het jammer dat Throwing Muses niet koos voor een Spacemen 3-oplossing van gelijkwaardigheid, aangezien ze als stiefzusters weinig conflictueus waren en Donelly's spaarzame harmonieën de stem van Hersh fraai aanvullen. 'Not Too Soon', vrolijk en melodieus, vormt hier zoiets als het perfecte gitaarpopliedje en suggereert ook dat Donelly misschien invloedrijker is geweest. Haar licht hese stem met een klank die het dichtst bij een Amerikaanse variant van het Gooise accent komt, zou in combinatie met een overstuurd gitaargeluid tot ver in de jaren negentig navolging krijgen in het werk van onder andere Juliana Hatfield, Veruca Salt, Joy Zipper en Madder Rose.

Blijft de vraag over: wie is *The Real Ramona*? Dat blijft even mysterieus als de foto op de hoes. In de teksten is geen enkele aanwijzing te vinden. De muziek beweegt langs het antwoord dat je zelf formuleert.

# Het persoonlijke popuniversum

## Saint Etienne – Foxbase Alpha (1991)

In 1991 werd de hippe cover van Neil Youngs 'Only Love Can Break Your Heart' vaak op MTV getoond...in *120 Minutes*, het zondagavondprogramma voor alternatieve muziek. De Engelse groep Saint Etienne bracht de single inderdaad uit op het indie-label Heavenly maar het liedje was puur pop en zou eigenlijk gewoon overdag *in rotation* kunnen. Een onzichtbare hand beschermt pop tegen indringers. Tegen de verwachtingen in weet een buitenstaander—type Laurie Anderson, Steve Hurley, Aphex Twin— heel soms de hitlijsten binnen te sluipen. Wat is dus pop? Is pop een melodieus liedje dat bepaalde conventies volgt? Of wordt pop geproduceerd binnen het kader van de grote platenmaatschappijen? Is het mogelijk om pop te maken die niet populair is?

Dat laatste kan zeker. Sinds het korte gloriemoment van New Pop in 1982 heeft men in Groot-Brittannië nooit het idee van conceptuele pop losgelaten. Pop over pop. Overigens zou Saint Etienne na hun debuut uitgroeien tot een echte popgroep met echte top 40-hits, maar hun opmerkelijke *Foxbase Alpha* is in een ander domein gesitueerd. Jeugdvrienden Bob Stanley en Peter Wiggs beschikken over een encyclopedische kennis van pop en beiden schrijven hier graag over. Stanley schopt het zelfs tot journalist bij het destijds machtige *NME*. Onder muzikanten leeft vaak het beeld dat journalisten eigenlijk geen verstand van muziek hebben. Soms is het moeilijk om ze ongelijk te geven. Wanneer je interviews uit de zogenaamd legendarische periode van *NME* leest valt vaak de sarcastische toon van de interviewer op, naast een bijna tastbare behoefte om met de muzikant over alles te praten, als het maar geen muziek is. Stanley en Wiggs vormen een geslaagde hybride van journalist en muzikant waarbij zij geen ironische afstandelijkheid hanteren en pop uiterst serieus nemen. Zij weten op een unieke manier hun overdaad aan kennis om te vormen tot een pop die op papier retro zou moeten klinken maar in realiteit heel modern is.

*Foxbase Alpha* verscheen drie weken na *Screamadelica* van Primal Scream. In zijn recensie voor *Melody Maker* legt Simon Reynolds direct de connectie tussen beide albums als de producten van muzikanten die hun vreemde verzameling van schijnbaar ongerelateerde invloeden weten te overstijgen. Een fantasie die in de realiteit verschijnt en is opgebouwd uit citaten, dub, obscure verwijzingen, een verdanste coverversie en samengesmolten wordt door de alchemie van house. *Foxbase Alpha* is dankzij de stem van Sarah Cracknell letterlijk het zusteralbum van *Screama-delica*, een meisjesachtige blik op de wereld. De opgewekte zondagochtend na de nacht van de lachende ziel die piekt met 'Loaded', waarna vermoeidheid gestaag de synapsen en spieren overneemt. 'Only Love Can Break Your Heart' is waarschijnlijk nog het meest product van zijn tijd vanwege de manier waarop het Youngs liedje verbouwt met een basis van pianohouse die dankzij Happy Mondays zijn intrede had gedaan in het voorheen stijve Britse indiebastion, waar 'Panic' van The Smiths een geloofsartikel was. De rest van *Foxbase Alpha* maakt grotendeels subtieler gebruik van de toen nog frisse ideeën die de house-productie aandroeg. Het instrumentale 'Stoned to Say the Least' dat kant B opent is de meest conventionele dancetrack, maar geen house-dj zal het destijds hebben gedraaid. De onzichtbare hand houdt ook de weg in tegengestelde richting tegen. Geen probleem, want binnen *Foxbase Alpha* krijgt het een eigen plek toebedeeld als een soort Londense evenknie van de sombere instrumentale nummers op kant B van Bowie's *Low* (metroritten, neon, eenzaamheid.) 'Girl VII' is opgewekter dankzij het gebruik van fluit en akoestische gitaar, een intieme vorm van eurohouse. Wanneer het tempo omlaag gaat lijkt Saint Etienne een antwoord te formuleren op het geluid waarmee Soul II Soul nog maar twee jaar daarvoor in de hoofdstad heerste: 'Spring' wordt gedreven door een breakbeat en ijle strijkersarrangementen in de stijl van John Barry. Nog beter is het dubby 'Carnt Sleep' dat op slimme manier het 'Youth Man' ritme van Glen Brown inzet, waarover Sarah Cracknell het vrouwelijk verlangen van spectoriaanse meisjesgroepen op loom sensuele wijze moderniseert.

*Foxbase Alpha* geeft zo een knipoog naar de Jamaicaanse praktijk van het ongegeneerd voortborduren op populaire ritmes. Al nadert het einde van een tijdperk waarin samples nog zorgeloos konden worden gebruikt. Op de albumhoes wordt geen enkele sample geïdentificeerd, wat tegenwoordig ondenkbaar is. Wat Saint Etienne interessanter maakt dan veel van hun samplende voorgangers is de manier waarop ze de sample op meerdere niveaus doordenken. *Foxbase Alpha* lijkt een Brits antwoord op *3 Feet High and Rising* waarmee De La Soul twee jaar eerder een sensatie had teweeggebracht, met name dankzij inventief samplegebruik, in de muziek zelf maar ook als overbrugging tussen de nummers. Wiggs en Stanley zijn niet eens zo overdadig in hun inzet van muzikale samples maar deinzen er niet voor terug om een klassieke popzin te recyclen, het meest opvallend de beruchte "he kissed me/and it felt like a hit" zin van de jaren zestig meisjesgroep The Crystals in 'She's the One'. Met allerlei samples uit obscure films, televisieprogramma's en radioquizzen worden liedjes aan elkaar verweven waardoor de plaat een eigenaardig tijdsgevoel krijgt, steeds laverend tussen een hypermodern 1991 en een muf/romantisch Engeland voor de bloeiperiode van *Swinging London*. De groep zelf wordt aan het begin van de plaat aangekondigd met een lang Frans radiofragment dat bestaat uit een jingle en overschakeling naar de legendarische voetbalcommentator Jacques Vendroux bij een wedstrijd van AS Saint-Étienne. De naamskeuze is belangrijk omdat de band hiermee een bepaalde eurochique krijgt. In de beste mod-traditie weten ze exact wat er buiten het eiland gebeurt. Engeland is belangrijk maar onderdeel van een cultureel continuüm dat Amerika verbindt met Jamaica en het Europese vasteland. Bovendien bezit de voetbalclub Saint-Étienne een bepaald romantisch charisma, de arbeidersclub die met mooi voetbal furore maakt maar door pech wordt achtervolgd en waarvan de gloriejaren nooit zullen terugkeren.

Het verkrijgen van die radiosample zal enige moeite hebben gekost, *Foxbase Alpha* straalt in alles uit dat details van het grootste belang zijn. De compositie van de hoesfoto, het lettertype, de hoestekst en vooral de binnenhoes zijn allemaal tot in de puntjes uitgedacht. Hier geen standaard witte hoes van papier, maar een visuele vorm van sampling door middel van een collage van pophelden uit het verleden als een soort *hall of fame*, een zoekplaatje van invloeden. Tussen de meer gebruikelijke iconen als Brian Wilson, Little Richard en Françoise Hardy zijn filmsterren als Dirk Bogarde en Tuesday Weld te vinden naast volstrekt vergeten figuren als Colinne Kink en Kim Woodbine (laat staan de mysterieuze pop Gronzo.) Met al deze elementen bouwt Saint Etienne een eigen universum van droompop. In het centrum van dit universum bevindt zich de stad die Borges omschreef als een gebroken doolhof: Londen.

Als *Foxbase Alpha* een ondertitel zou hebben gekregen, dan was het *London Belongs to Me*. Op de achterzijde van de hoes is een tekst te vinden—geschreven door *NME*-schrijver Jon Savage— die als een soort introductie van de plaat fungeert en op zijn beurt begint met een citaat uit het boek *London Belongs to Me* van Norman Collins. In de korte tekst beschrijft Savage een zondag in de stad—de architectuur, de geur, het geluid—terwijl hij een wandeling maakt en tussendoor wat platen koopt (waaruit het album dat je luistert onder andere is opgebouwd.) Vanzelfspre- kend heet een van de mooiste nummers vervolgens 'London Belongs to Me', een dromerig liedje, met een centrale rol voor klavecimbel, sterrengruis en echo, waarin Cracknell zingt over een ontmoeting met haar geliefde: "Close our eyes/Breathe out slowly/Today London loves us only." Londen is altijd in bewe- ging en *Foxbase Alpha* vormt een geïdealiseerd beeld van een mooi moment in de roerige geschiedenis van de stad. Thatcher is een jaar daarvoor eindelijk afgetreden en rave kleurt de realiteit. Niet dat deze periode lang zal duren. Rave zou weliswaar razendsnel muteren en met jungle Londen laten klinken als een uitzonderlijk futuristische stad, maar de organisatie van massafeesten en daarmee de meer utopische energie werd gebroken door repressieve wetgeving. Na 1997 zou al snel de desillusie intreden over de terugkeer van Labour, de creatieve armoede van Britpop toeslaan en The City uitgroeien tot een onuitputtelijke magneet van fout geld waar de rest van het land bij verwelkt. Londen in zijn 21$^{\text{ste}}$ eeuwse gedaante heeft een zekere charme verloren. Een oprechte variant van *Foxbase Alpha* is nu onmogelijk voor te stellen. De enige plaat die eenzelfde, hedendaagse rol speelt is het mistroostige *Untrue* van Burial uit 2007. Een prachtige plaat, maar ik leef uiteindelijk liever in de wereld die Saint Etienne schildert.

# Verschuivende realiteiten
## Royal Trux – Cats and Dogs (1993)

Royal Trux. De naam rolt zo gemakkelijk over de tong om met die fijn knetterende sisklank te eindigen. Begin jaren negentig liet je de bandnaam als kenner van obscure rock dan ook op gepaste wijze klinken, in conversaties over nieuwe muziek of achteloos bij de betere platenzaak. Meestal kreeg je vervolgens geen antwoord, behalve als de glimmende oogjes van de liefhebber oplichtten. Royal Trux vormde een tijdlang de "blufkaart" van undergroundrockers en snobs in opleiding. Want pop is niet alleen muziek maar ook onderdeel van een constructie van de identiteit. De flits van genot die je voelt wanneer bijvoorbeeld de juiste riff klinkt is maar een oncontroleerbaar aspect van de popervaring. Smaak vormt een subtiel en vaak onbewust spel waarmee de eigen identiteit continu wordt afgemeten ten opzichte van de ander. Aan het eind van het jaar klinkt in discussies bijvoorbeeld steevast kritiek op de samengestelde jaarlijsten van muziektijdschriften. Dat is een ritueel. Met de kritiek versterkt men door inzet van een gefantaseerd onbegrip de eigen identiteit. De ware nachtmerrie bestaat echter uit een gemeenschappelijke jaarlijst die exact overeenkomt met de eigen favorieten. Het zou de eigen identiteit compleet uitwissen.

In de smaakeconomie gold Royal Trux lange tijd als een goede investering. Zangeres Jennifer Herrema was zich hier perfect bewust van en stelde dat ze wel eens met een speciale bril de gedachten van mensen wilde lezen om te kijken wat ze nu echt van hun uiterst experimentele *Twin Infinitives* (1990) vonden. Royal Trux was ook een band waar je op verschillende niveaus van kon houden. Het uiterlijk van het duo (m/v)—lang en onverschillig, een vroege foto tegen een muur leunend: wijde broekspijpen en nonchalante sigaret in de hand—gecombineerd met de *heroin chic* en muziek (een kubistische vorm van rock 'n' roll) moest wel in de smaak vallen bij bepaalde studenten van cool. Op hun eerste drie albums leek Royal Trux rechtstreeks te zijn ontsprongen aan de fantasie van Peter Pontiac rond het eind van de jaren zeventig. De tekeningen zijn zo voor de geest te halen: viezige rockers met teveel haar, rillingen, donkere straten, grote ogen, paranoia. De band is zich van het begin af aan bewust van deze rockmythologie. In zijn vorige band Pussy Galore vormde gitarist Neil Hagerty de motor achter hun vandalistische eerbetoon aan The Rolling Stones: een complete cover van klassieker *Exile on Main St.* die uiteindelijk in zeer gelimiteerde oplage op cassette verscheen, zodat het advocatenleger van De Grote Tong onmogelijk kon ingrijpen. Het is dit idee dat Hagerty met zijn vriendin Herrema in een nieuwe band verder wil uitwerken: rock als decadent laboratorium van de riff.

Al tijdens de opnamen van het derde, titelloze album was het duo afgekickt van de drugsverslaving die als een soort eerbetoon begon (maar dan zonder de permanente Verlaat De Gevangenis Zonder Te Betalen-kaart van Keith Richards.) Opvolger *Cats and Dogs* ademt daardoor een heel eigen optimisme uit, een continue schakeling tussen lethargie en plotse aanvallen van hernieuwde energie. Is er leven na heroïne? Het album, zeker de teksten, geeft daar geen eenduidig antwoord op. De hoesfoto laat een beeld zien van een groep raketten—naalden—die op de blauwe lucht zijn gericht, alleen aan de horizon is nog een enkel wolkenveld te ontwaren. De naalden zullen altijd paraat staan, ook al lijken ze in dit licht vredig te rusten. Het vorige album verhaalde met liedjes als 'Blood Flowers' en 'Junkie Nurse' nog expliciet de drugslevensstijl, *Cats and Dogs* vrijwel nooit. Enkele verhalen uit de achterbuurt ("Let's Get Lost") duiken op, maar het merendeel van de plaat is associatief als een prettige droom, waarbij obscure momenten worden afgewisseld door een onverwachte luciditeit. De realiteit flikkert tussen de zorgeloosheid van een mooie zomerdag en een vaal, traag vervallende leefomgeving waar de gekken, dopers, huis-tuin-en-keukenprofeten en andersoortige losers ronddwalen. Het Amerika dat niet op televisie is te zien, een niet-Amerikaans Amerika derhalve, dat een wazige kwaliteit bezit als een tweede realiteit achter de hyperrealiteit. Haast onvermijdelijk doet het denken aan de sciencefictionverhalen van Philip K. Dick die zich in eenzelfde onzekere wereld afspelen. Dit schaduwland is de thuisbasis van Royal Trux, hier zijn ze volkomen begrijpelijk. Voor de buitenstaander spreken ze echter een idiolect, een taal met een eigen code, vol obscure verwijzingen uit sciencefiction, verstofte rocksingles, straattaal en vergeten televisieprogramma's. Hoeveel je ook van ze houdt, een bepaalde afstand blijft altijd behouden.

Royal Trux sloop de schijnwerpers in nadat Pavement met het veelgeprezen debuut *Slanted and Enchanted* (1992) de weg had gebaand voor een bepaald bestudeerd *rommelig* geluid. Dit kwam goed uit voor een groep luisteraars, die zijn twijfels hield over de gladgestreken productietechnieken waaraan voormalig gruizige gitaarbands werden onderworpen in het kielzog van Sonic Youths verrassende overstap naar grote platenmaatschappij Geffen. Niemand klinkt in eerste instantie rommeliger dan Royal Trux: de gitaarpartijen zwiepen alle kanten op, de ritmesectie beweegt met onvaste timing, sommige instrumenten zijn opzichtig aanwezig in de mix ten koste van anderen. En dan is er de samenzang: op het eerste gehoor plezierig klungelig, haast instinctief gebruik makend van contrapunt, waar Herrema's grommende stem als een loom aura of raspende echo langs die van Hagerty beweegt. Wat Royal Trux vooral onderscheidt van hun schots-en-scheef tijdgenoten is de interesse in classic rock riffs (AC/DC, Aerosmith, Led Zeppelin.) Je weet gewoon dat Hagerty als tiener dagen heeft doorgebracht met het naspelen van de intro van 'Over the Hills and Far Away'. Hierdoor ontstaat een vreemd effect alsof Royal Trux zich tegelijkertijd in twee tijden bevindt, de jaren zeventig en negentig door een vreemd natuurverschijnsel naar elkaar toe buigen en in de band overlappen. Royal Trux voelt en klinkt daarom ook veel ouder dan de hen omringende rockgroepen. Ze lijken al veel langer te bestaan.

Opener 'Teeth' is een muzikale samenvatting van wat in het komende half uur zal volgen: de gebruikelijke onzekere tred van Royal Trux wordt opeens doorbroken met warmbloedige riffs die zelfverzekerd klinken. En toch, aan het einde verlept het geluid in een zwaarmoedige solo waarin onmiskenbaar het gewicht van het kruis klinkt dat de ex-verslaafde voor altijd draagt. Niet getreurd, 'The Flag' opent met een sublieme riff opgetuigd in perfect wollige *distortion*. Dit is geen tijdige opleving. 'Friends' vormt een hallucinerend energieveld, *noise* in de beste traditie van Sonic Youth dat uit het systeem moet worden geperst. 'Skywood Greenback Mantra' is een triomfantelijke afrekening met het solipsisme van de junkie: "If you wanna stare hard at the inside of your head/For the rest of your life, well baby, That's just fine with me." Later in hun carrière zou Royal Trux de riffs strak aantrekken (met name *Accelerator* uit 1998 is een bonafide meesterwerk) maar in deze fase zorgen vorm en inhoud voor een spookachtige sfeer. Het mooist valt dit samen op 'The Spectre', het eerste kalme liedje op *Cats and Dogs* nadat de band is uitgeraasd. Niet meer dan acht regels tekst, maar elk woord perfect afgewogen en in bijpassende cadans gezongen. Zoals het tweede couplet:

Once there was a rich man who drank from the spectre's cup
He always held his head so high but he never would look up
The spectre was above his head hanging like a sword
The lesson now it must be said, the spectre is its own reward

Mysterieus maar ergens helemaal juist. Aan het eind van de plaat heeft de band nog een verrassing achter de hand met het bijna compleet elektronische 'Driving in That Car (With the Eagle on the Hood)' dat als een naargeestige koortsdroom pulseert. Dan wordt de albumtitel opeens helder net als de kat en hond die op de hoes rond de bandnaam elkaars staart najagen. Conflict en contrast vanzelfsprekend. Maar ook: roes en soberheid, man en vrouw, energie en vermoeidheid, realisme en spookverhaal, dagdroom en nachtmerrie, traditie en avant-garde, eenvoud en complexiteit, ga zo maar door. Luister lang genoeg naar *Cats and Dogs* en elke zijde van de realiteit wordt hoorbaar.

# De mens-machine knuffel
## Mouse on Mars – Vulvaland (1994)

Rond 1993 begon men te vermoeden dat house geen kortstondig fenomeen zou blijven. Even leek het de complete popmuziek weg te vagen, maar nu keerde het realiteitsprincipe terug. House ging een fase van professionalisering tegemoet. Men kon carrière maken in dansmuziek. Voor het eerst werd serieus gesproken over een tweedeling tussen house en techno, wat daarvoor vrijwel inwisselbare termen waren voor dezelfde muziek, hoogstens ontsprongen aan twee onafhankelijke ontstaansbronnen (de cruciale compilatie *Techno! The New Dance Sound of Detroit* uit 1988 zou eerst gewoon *The New House Sound of Detroit* heten.) Tegelijkertijd klonk de productie van tracks steeds beter. Apparatuur evolueerde, studio's werden groter en samplers beschikten over meer geheugen. Met name in Frankfurt bracht men platen uit—*Accident in Paradise* van Sven Väth en beide *Tripomatic Fairytales* delen van Jam & Spoon—die een nieuwe geluidsstandaard zetten: gedetailleerd, melodieus en glad. Het inventieve *Debut* van Björk bewees daarnaast de levensvatbaarheid van talloze pophybriden van house. In deze transformatie leek echter een bepaalde charme van house verloren te gaan. De eerste golf van house kende namelijk een fascinerende rauwheid. Dit was een kale, primitieve muziek—meer intensiteit dan muziek misschien—waar moeilijk een auteur verantwoordelijk voor kon worden gehouden. Mocht je een foto van een producer tegenkomen, dan was het meestal een gruizig portret, bijna net zo mysterieus als die van deltabluesmuzikanten uit de jaren dertig. Ondergronds bleven onzichtbare artiesten als Underground Resistance en Basic Channel de originele rauwheid trouw. Tijdens de breuk worden de contouren van een derde weg hoorbaar, geplaveid door muzikanten die weigerden de gladheid na te volgen en geïnteresseerd raakten in nieuwe modellen voorbij de strenge ritmische regels die de dj verlangt. Een van de origineelste artiesten die dit pad volgde was het Duitse duo Mouse on Mars.

Jeugdvrienden Jan St. Werner en Andi Toma opereerden vanuit Keulen, dat later zou uitgroeien tot een belangrijke stad voor techno, maar destijds weinig had in te brengen in vergelijking met Frankfurt en Berlijn. Mouse on Mars horen er niet helemaal bij en brengen, om het te onderstrepen, hun eerste plaat uit op het Engelse Too Pure label van experimentalisten als Stereolab, Laika en Seefeel (die op hun beurt niet helemaal voldoen aan het gitaarideaal van indie.) Het debuut *Vulvaland* was een plaat die het in eerste instantie van mond-tot-mondreclame moest hebben in plaats van openbaring op de dansvloer. De opvallende titel en hoes hielpen in ieder geval om de nieuwsgierigheid aan te wakkeren. Vanaf het eerste moment klinkt de muziek anders dan alles wat op dat moment gaande is, alles wat daarna zou volgen ook. 'Frosch' is house, maar wel een hele spontane mutatie. De luisteraar treedt direct een andere wereld binnen waar een vreemde machine lijkt te worden aangespannen. Een warme synthwaaier komt op en dan lanceert het ritme zich met een beat als een gladde steen die over water stuitert. Echoënde hi-hats, handclaps en het waarschuwingsgeluid van een achteruit rijdende ijscokar worden overspoeld door de meest wollige acidmelodie ooit. Drie melodieën voegen zich er nog stapsgewijs bij, de een nog mooier dan de ander, om op het hoogtepunt een wervelwind van geluid te vormen en vervolgens heel langzaam uit te sterven, totdat een zwierend gefluit overblijft. Het voelt onvoorspelbaar en comfortabel, een bezoek aan een Zweedse tekenfilm uit de jaren zeventig die je voorlopig niet zult verlaten, alsof elk volgende nummer een droom in een droom is.

De zeven tracks van *Vulvaland* bewegen steeds tussen deze zachtaardige vorm van techno ('Uah', 'Katang') en hun volstrekt eigen interpretatie van dub. 'Elli im Wunderland' is structureel gezien zonder meer als dub te kwalificeren: er is een trage bas, echo, maar de geluidstof waarmee de tussenruimte wordt gevuld is totaal nergens op terug te voeren. Het centrale 'Chagrin' presenteert een wonderbaarlijk staaltje oceanische intimiteit, een ruimte vol wuivende geluiden die nog het meest doet denken aan de narcotische expansie in Fleetwood Macs 'Albatross'. Een zachte stem zingt woordeloze onzin. Op [2:04] begint een gruizig, niet te identificeren instrument aan een slingerend traject om tegen het einde in intensiteit toe te nemen. Jan St.Werner zou later de explosieve gitaarsolo waarmee Mark Hollis van Talk Talk 'Ascension Day' opent zijn ultieme muzikale moment noemen en hier is de invloed direct hoorbaar. Maar het gaat verder dan dat: de solo van Hollis is technisch gezien eenvoudig, op gevoel gespeeld terwijl hij het geluid van zijn gitaar oncontroleerbaar laat *bloeden*. Weten wanneer je controle kunt verliezen is wat Mouse on Mars zo eigenzinnig doet klinken. In Simon Reynolds *Energy Flash* stelt Toma over hun relatie met instrumenten:

We don't like to control them. We trust them, let them do their own thing. If the computer goes mad because there's a thunderstorm coming and too much static in the air, and it makes a strange noise, we are very happy to use it. The machines have maximum freedom, the people have maximum freedom; they should care for each other.

Zowel de met zorg opgepoetste geluiden van dure studio's als de strenge eis van puristen dat minstens de Roland TB-303 en TR-909 machines bij het produceren van house horen, worden genegeerd. Toma en St.Werner maken muziek in een fantasiewereld. Zo krijgt hun studio de prachtige naam Academy-of-St.-Martin-in-the-Streets toebedeeld die associaties oproept met een dromerig Engels universiteitsstadje waar louter dichters, schilders, wetenschappers en muzikanten wonen. In plaats van elektronische synthesizers lijken hier organische machines te huizen. Mouse on Mars musiceert op instrumenten van hout, touw en stoompijpen, wonderbaarlijke constructies die vrolijk puffen en soms uit elkaar dreigen te vallen. Tot groot plezier van de bouwers die ze op zulke momenten het mooist vinden klinken. *Vulvaland* is kinderlijk. Stemmen zingen in onbegrijpelijke talen, als ze al zoiets als woorden proberen te vormen (de moeder als sirene). Dit zijn klanken uit een wereld vol pasteltinten, *lens flares*, vrolijke wezens en zoete geuren die uit borrelende limonadevijvers opstijgen.

Daar, waarschijnlijk onder een palmboom gezeten, vind je ook een wat gezette man met baard en verdwaasde ogen die melodieën zingt voor onmogelijke liefdes. Het is Brian Wilson, patroonheilige van de muzikale kindman. Mouse on Mars maken, gezien de titel van 'Die Seele von Brian Wilson', dat bovendien

'Wind Chimes' van het album *SMiLE* samplet, geen geheim van zijn invloed (wat betreft intentie, zeker niet zijn perfectionisme.) *SMiLE*—de gedroomde kroon op The Summer of Love, door The Beach Boys in 1967 afgeblazen—was op dat moment nog steeds de meest beroemde bootleg uit de popmuziek. Lange tijd nodigden de puzzelstukjes van het ambitieuze album de luisteraar uit om te fantaseren, zowel over het gecompleteerde album als de verandering die het daarna teweeg zou hebben gebracht. In zijn popgeschiedenis *Yeah Yeah Yeah* observeert Bob Stanley weemoedig: "There's no doubt that, had *SMiLE* been released in late '66, it would have taken pop down a completely untrodden track." Toch is een positievere interpretatie mogelijk: ideeen van het fragmentarische non-album zijn juist op allerlei onverwachte plaatsen opgedoken waar de ultraconservatieve Beach Boys ze toch nooit naar hadden kunnen voeren. *Vulvaland* is inderdaad het resultaat van een dergelijk fragment dat jaren later aanspoelt en is getransformeerd tot een heel eigen vorm van naïeve popmuziek.

Met het afsluitende 'Katang' keert Mouse on Mars weer terug naar iets dat op de dansvloer lijkt. Het duo praat met elkaar terwijl ze de machines opwarmen en het gezoem overgaat in de eerste ritmes, totdat zowaar een 4/4 bassdrum opkomt. Alweer volgen melodieën met verschillende texturen elkaar op alsof ze ter plekke uit de lucht worden gevangen. Even geduldig nemen de geluidslagen af en dan is er echoënde feedback die om een hoge puls draait...een baby huilt. Zo eindigt (als je het verborgen nummer negeert dat de luisteraar na een lange stilte bijkans een hartaanval bezorgt) een van de origineelste zijpaden van house, een plaat die volstrekt op zichzelf staat als een bubbeluniversum dat zich heeft losgemaakt van een groter geheel. Waar andere natuurwetten gelden en niemand ooit oud wordt.

# Onder de straatstenen liggen de jaren negentig
## Stereolab – Mars Audiac Quintet (1994)

Waarom waren de jaren negentig speciaal? In het fascinerende boek *The KLF: Chaos, Magic and the Band Who Burned a Million Pounds* (2012) probeert John Higgs een verklaring te formuleren:

We can date the end of that era, what Hobsbawm called the 'Age of Extremes' to the end of the Cold War in 1991, and we can date the start of the information era to the first popular web browser in 1994. What, then, should we make of those years in between? They are boundary years comparable to what anthropologists call a liminal state. They were a period when the old rules were gone, but before the new order was formed. They were a period, in other words, when normal certainties did not apply, when anything was possible and the strange commonplace.

Muzikaal gezien is het mogelijk om de jaren negentig te laten lopen van 'Acid Trax' in 1988 tot *Discovery* in 2001, al vormt de hierboven beschreven periode nog steeds de hete kern waar muzikale ideeën razendsnel circuleerden en tot nieuwe elementen versmolten. Een periode waar, net als het *fin de siècle* of de Weimarrepubliek, talloze studies over geschreven kunnen worden. Die waarschijnlijk nooit geschreven *zullen* worden, omdat we ons steeds verder vervreemden van geschiedenis, omdat we er ook het geduld niet meer voor kunnen opbrengen. Wanneer je de eerste povere pogingen in de vorm van lijstjesartikelen overziet is het misschien beter zo. Want het gevoel van die tijd—onvoorspelbaar, vol mogelijkheden, even optimistisch als meerlagig—is lastig te vangen. Een ding is zeker: Stereolab is de belichaming van dit gevoel. Het is dé band van de jaren negentig.

Tijdens hun meest vruchtbare periode, tussen 1992 en 1997, produceerde de band, in diverse formaties rond het vaste paar Lætitia Sadier en Tim Gane, een overdaad aan muziek met minstens een album per jaar en een verzameling mini-albums, E.P.'s en singles in beperkte oplagen waarvan de liedjes niet zijn terug te vinden op reguliere albums. Hierdoor krijgen de compilaties van Stereolab een zelfde canonieke status als hun reguliere albums. *Aluminium Tunes: Switched On Vol.3* (1998) maakte bijvoorbeeld de 10-inch *Music for the Amorphous Body Study Center*— een samenwerking met kunstenaar Charles Long—weer toegankelijk nadat de originele 1500 exemplaren vrijwel direct in verzamelaarsobjecten veranderden. Omdat Stereolab een gulle band is bevat het een aantal van hun mooiste liedjes.

Het derde album *Mars Audiac Quintet* is een echte overgangs-
plaat, waarop oude vormen zijn geperfectioneerd en nieuwe
stijlen zich aandienen (in die zin kan het goed fungeren als "in-
stapplaat".) Stereolab begint als een band die niet bang is voor
herhaling (van ritme en ideeën.) Veel van het vroege werk is te
herleiden tot de Duitse groep NEU! waarvan de drummer
Klaus Dinger een karakteristiek 4/4 ritme hanteerde dat hij zelf
de Apache-beat noemde, maar beter bekend is geworden als
motorik (vanwege de associaties met gemotoriseerde beweging
die het veroorzaakt). Tegenwoordig is de muziek van NEU!
keurig heruitgegeven, onderdeel van de canon en met een paar
klikken van de muis te beluisteren. In 1992 was NEU! echter
niet meer dan een naam. De platen waren allang niet meer verkrijgbaar en in de dagen voor internet nog niet door een liefhebber gedigitaliseerd en op een blog geplaatst. Stereolab kon
de ritmische basis en het even karakteristieke gitaargeluid van
NEU! rustig overnemen om het vervolgens te combineren met
eigen elementen. In eerste instantie een dreinend Farfisa-orgel,
de ijle stem van Sadier en woordeloze achtergrondzang in de
stijl van Tropicália. Al snel aangevuld met ouderwetse analoge
synthesizers die voor vrolijke bubbels zorgden en de effecten
van LP's waarmee in de jaren zestig en zeventig de geluidsin-
stallatie werd getest. Alles bij elkaar ontstaat een unieke synthese die meteen is te herkennen als Stereolab, iets wat in theorie

heel retro zou moeten klinken maar uit een parallel verleden naar het heden lijkt gerukt. Een extreem moderne muziek.

Op hun vroege platen beschikte Stereolab over een versnelling: steeds maar vooruit, laag op laag, totdat een hypnotisch effect wordt veroorzaakt. Met *Mars Audiac Quintet* probeert de band het tempo te variëren en daardoor bewegen ze in een soort herhalende hink-stap-sprongbeweging door hun repertoire aan stijlen. Allereerst past Stereolab een zekere verticaliteit toe. 'Three Longers Later' is het beste voorbeeld met zijn plots opstekende wervelwind van stem, gitaar en orgel. Op 'Des étoiles électroniques' valt de rockbasis weg en zweeft de vaste "ba ba"-zang over een elektronisch ritme richting de sterren. De band maakt steeds meer gebruik van compleet uit de mode geraakte synthesizers met hun gestandaardiseerde ritmes die je door middel van een enkele druk op de knop activeert. Daarnaast begint Stereolab op 'Ping Pong', 'L'Enfer des formes' en 'International Colouring Contest' de vorm aan te nemen van een echte *middle of the road* popgroep die supermelodische liedjes zingt. Het instrumentale 'Fiery Yellow' waarmee de plaat wordt afgesloten laat met zijn gebruik van marimba nog een nieuw ingrediënt horen: exotica, een op dat moment compleet vergeten genre van lichtvoetige tropische droommuziek die klonk in de zorgeloze Amerikaanse *suburbs* van de jaren vijftig en zestig.

Al snel zou de vergeten knulligheid aan een revival beginnen, Juan García Esquivel werd omarmd als miskend genie, de ironie van kitsch tot levensstijl omgevormd. Maar Stereolab heeft andere doelen op het oog dan louter spelen met foute smaak. Het is namelijk een uitgesproken politieke band.

Française Lætitia Sadier, geboren in mei 1968, is een kind van de revolutie. Ze was duidelijk voorbestemd om in Stereolab te zingen. Sinds de jaren zestig is een discussie gaande over de vraag of popmuziek en politiek samengaan. Het antwoord is bevestigend, maar de vraag hoort te zijn: op welke manier werkt een politieke pop het best? Je wilt bijvoorbeeld voorkomen dat je onderdeel wordt van partijpolitiek (vanwege de obsessie met economie per definitie acultureel) of dat je als 'revolutionair' in een reclameslogan transformeert (Lennons 'Instant Karma' gegijzeld door Nike.) Stereolab perfectioneert de moeilijkste manier, namelijk die waar vorm en inhoud allebei radicaal zijn. Dit gebaseerd op het idee dat wanneer de vorm van muziek zich teveel aan conventionele regels houdt een latent conservatieve boodschap wordt overgedragen. Een hybride, onvoorspelbare vorm opent juist het bewustzijn voor nieuwe ideeën. Teksten zijn op deze manier eigenlijk van secundair belang, details waarmee accenten kunnen worden gelegd. Door de gespeelde naïviteit van de stemmen kun je bij achteloos luisteren naar Stereolab eenvoudig de manifeste politieke boodschap missen. En toch klinken op *Mars Audiac Quintet* een aantal van de meest uitgesproken politieke teksten uit de recente popmuziek. Soms is het niet meer dan een herhaalde slogan die als credo van de band kan fungeren ("We do examine uncritical times" op 'New Orthophony'). Op 'Wow and Flutter' is Sadier al opvallend vroeg bezig met een aanval op het idee dat kapitalisme geen alternatief meer kent: "It's not eternal, imperishable/Oh yes it will go/It's not eternal, interminable/The Dinosaur Law." Waarschijnlijk het meest geslaagd, is de single 'Ping Pong'. In een interview ten tijde van het album vertelde Sadier een anekdote over een gesprek met een vriend. Hij poneerde de stelling dat ze zich nergens zorgen over hoefde te maken: een economische crisis wordt altijd gevolgd door een oorlog en daarna, onvermijdelijk, economische groei. Het vrolijke 'Ping Pong' is een van hun beste popliedjes, die de sarcastische tekst elegant draagt, zodat je bijna onbewust een refrein meezingt als "bigger slump and bigger wars and a smaller recovery/huger slump and greater wars and a shallower recovery."

'Ping Pong' is een van de strategieën die Stereolab uitprobeert om haar boodschap mee te verspreiden. Maar Stereolab is ook als entiteit een lichtend voorbeeld. Politiek moet niet alleen theorie zijn, net als de zwoegende praktijk binnen de piramidestructuur van een partij uiteindelijk elke verandering onmogelijk maakt. Politiek kan weinig uitrichten zonder in een levensstijl te zijn verankerd. Fascisme heeft dit vrijwel altijd beter begrepen. Stereolab presenteert een complete levensstijl van belezenheid, kringloopwinkelchique, muzikale kennis, gelijkheid…ze erotiseren zowel politiek als intelligentie. *Mars Audiac Quintet* presenteert een levende politiek.

# De warme kosmos
## Model 500 – Deep Space (1995)

Begin 1995 werd in technokringen naar het debuutalbum van Carl Craig uitgekeken alsof een nieuw evangelie was aangekondigd. De jonge producer uit Detroit behoorde tot een tweede generatie die de innovaties van de Belleville Three (Kevin Saunderson, Juan Atkins en Derrick May) verder probeerde uit te werken. Het elegante signatuurgeluid van Craig viel in diverse genres op en bezorgde hem al snel faam als innovator. Hierdoor verwachtte men een grootse stap voorwaarts nu hij zijn debuut zou uitbrengen voor de grote platenmaatschappij Warner Music. Deze stap zou techno een nieuw elan kunnen geven nu jungle, eigenlijk wekelijks, bewees het meest futuristische genre in dansmuziek te zijn. Eenmaal onder naald en laser in beweging gebracht werd *Landcruising* met een licht gevoel van teleurstelling ontvangen. Craig had inderdaad een onverwachte stap gemaakt, maar blijkbaar verlangde men iets anders. De muziek—duidelijk beïnvloed door Tangerine Dream—klonk ingetogen, melodisch en wat technopuristen destijds nog lastig vonden: gitaren speelden een belangrijke rol. Pas jaren later is de plaat op waarde geschat en in een interview observeerde

Craig meewarig hoe *Landcruising*—geïnspireerd door vluchten over een nachtelijk Europa—verkeerd was begrepen. De schijnwerpers waren hierdoor niet op een ander debuut gericht, wat op zich vreemd was omdat het hier ging om een van de pioniers van het genre: Juan Atkins.

Wellicht had men de hoop opgegeven dat hij ooit nog een album zou uitbrengen. Als Model 500 introduceerde hij tien jaar eerder de cruciale electro-house hybride 'No Ufo's' die hij vervolgens onder de noemer techno geduldig uitwerkte met een serie 12"s als *Night Drive* en *Ocean to Ocean*. Maar in 1995 was het dan toch zo ver en gezien de zorg die platenmaatschappij R&S besteedde aan het ontwerp—verzorgt door The Designers Republic, vooral bekend vanwege hun werk voor Warp-artiesten als Aphex Twin en Autechre—waren de verwachtingen voor *Deep Space* intern hooggespannen. Het ontwerp en de titel, die subtiel in de cd-hoes is verwerkt, laten geen enkele twijfel bestaan over de preoccupatie van Atkins: een allesoverheersend verlangen om door de kosmos te reizen. De hoesfoto van het stersysteem Eta Carinea is bedoeld om te overmannen met schoonheid. Op *Deep Space* zul je geen duisternis vinden, geen gepieker over de onpeilbare diepte die ligt achter de dunne bescherming van het ruimteschip of angstgevoelens over de lichamelijke effecten van kosmische straling. In de muziek is, als in de fantasie, elke afstand overbrugbaar. *Deep Space* presenteert ruimtereizen als utopie.

Zoals veel Detroit-techno toont het album een bovengemiddelde interesse in sciencefiction. Ook al kent techno, met name in het werk van Underground Resistance, een duistere zijde die oog heeft voor onderdrukking, militarisme en surveillance, toch is de toekomst voor technoproducers op zijn minst fascinerend. De eerste generatie artiesten wilde in de toekomst leven die Kraftwerk en Fritz Lang verbeeldden. Robots zijn hier behulpzaam, steden avontuurlijk, buitenaardse wezens op zoek naar contact en ruimtereizen een onvermijdelijke taak van de mensheid. Techno is bezaaid met verwijzingen naar *techno rebels*, onderwaterwerelden en barre tochten door het Marslandschap. En omdat die beweging richting een expansieve toekomst in realiteit minder snel gaat dan verwacht, behoudt techno vooralsnog zijn futuristische elan. Dit is ook een van de redenen dat de muziek op *Deep Space* een gevoel van tijdloosheid uitstraalt, het mikt ver, verder dan de meeste muziek die erop volgde.

Opener 'Milky Way'—een samenwerking met medepionier Kevin Saunderson—lanceert hoorbaar de reis richting de sterren. Een zuigend geluid laat het audiospectrum vullen door een zwerm geluidsdeeltjes die samengaat met allervriendelijkste akkoorden, totdat het voorzichtig opgebouwde ritme eindelijk een cadans vindt. Dit ritme gaat naadloos over in 'Orbit', een hypnotiserende acidtrack die klinkt als een veilige reis door een wormgat. Alweer zorgen melodieën voor wonderlijke accenten als sterrenstelsels die, uit elkaar getrokken, langs de kosmonaut bewegen. Aan het eind wacht 'The Flow', een van twee nummers op het album met zang (al is het latere 'I Wanna Be There' niet meer dan een herhaling van een tekstflard.) Het is vaak geprobeerd om techno te transformeren tot een conventioneel liedje, meestal met teleurstellende resultaten. 'The Flow' gedreven door een hakkelende acidlijn vormt een van de weinige uitzonderingen. Met 'The Flow' verwoordt Atkins het ontzag dat hij voelt voor het universum als levende entiteit. Het is vergelijkbaar met het einde van Olaf Stapledons *Star Maker* (1937) wanneer de verteller de sterrenmaker ontmoet, een creatief bewustzijn dat emotieloos universa creëert.

*Deep Space* is, ondanks verschillende samenwerkingen in diverse studio's, een plaat die opvallend samenhangend klinkt. Atkins musiceert zelfverzekerd alsof hij een visioen najaagt. Ritmes zijn afwisselend en subtiel, de textuur innovatief en de melodieën even warm als gedenkwaardig. De tweede helft van het album vormt een samenwerking tussen Atkins en Moritz von Oswald die met gebruikelijke bescheidenheid enkel engineer wordt genoemd. Von Oswald was als onderdeel van het Berlijnse duo Basic Channel verantwoordelijk voor een reeks uitzonderlijk invloedrijke platen die techno op verschillende manieren vervormden. Al vroeg in de jaren negentig ontstond er een vruchtbare relatie tussen Detroit en Berlijn, aangezien de kersverse hoofdstad van Duitsland compleet voor techno viel en de Amerikaanse artiesten hier op veel meer aandacht konden rekenen dan in hun thuisland. Een van de eerste succesvolle samenwerkingen kreeg de naam 3MB, waarachter Juan Atkins, Thomas Fehlmann en Moritz von Oswald schuilgingen. Hun 'Jazz Is the Teacher' uit 1993 was een opvallend subtiele track in een periode waar rave steeds harder en wilder klonk. 'Jazz is The Teacher' zou als voorstudie naadloos op *Deep Space* kunnen passen, ware het niet dat Atkins over genoeg materiaal van eenzelfde kaliber beschikte. De mooiste track van de tweede helft is 'Starlight' dat wordt voortgestuwd door een skippybalbeat samengesmolten met een ploppende baslijn. Deze wordt al snel gedubbeld door een gruizige melodielijn die op subtiele wijze verschuift en echoot. In het ritmische bouwsel vinden vluchtig opduikende melodieflarden nog een plek. Hier is de hand van Von Oswald duidelijk hoorbaar die de techniek eerder met 'Phylyps Trak II/II' perfectioneerde. Eenmaal op gang gekomen, verandert niets meer aan de basis en toch is elke maat weer net anders. Een kalme kosmische dans waarbij elementen elkaar op verschillende realiteitsniveaus doorkruisen.

De ontvangst van *Deep Space* was positief maar bedeesd. Ingetogen respect voor een pionier, alsof het tijdperk van Detroit-techno voorbij was. Met vriendelijke elegantie win je klaarblijkelijk de oorlog niet. En soms kom je er veel verder mee, oorlogen zijn immers ongeciviliseerd. Jungle begon in diezelfde periode op hoog tempo te muteren en steeds meer genres in zich op te nemen. De muziek van Model 500 werd opeens met veel interesse gemijnd voor geluiden, het meest duidelijk op 'Lunar Bass' van Origin Unknown dat het zwermende geluid van 'Milky Way' ongegeneerd overneemt. R&S zag zeer snel het potentieel van deze mengvorm in en een aantal tracks van *Deep Space* werden geremixt door de, op dat moment, populaire jungleproducers Wax Doctor en Alex Reece. Later dat jaar verscheen onder het pseudoniem Jacob's Optical Stairway op hetzelfde R&S een wonderbaarlijk album van het duo 4hero. Niet alleen werkten Mark Clair en Dennis McFarlane de werelden van *Deep Space* verder uit tot een reis langs de mysteriën van de kosmos, waar kolkende ritmes melodieën versplinteren en transformeren om plotseling weer tot rust te komen, op 'The Fusion Formula (The Metamorphosis)' draait Juan Atkins zelf mee aan de knoppen. Toch hield deze wederzijdse beïnvloeding niet lang stand. Helaas, want het is verantwoordelijk voor een uiterst futuristische muziek die daarna eigenlijk niet meer is geëvenaard. Techno zou zelf echter een renaissance doormaken nadat de creatieve focus zich eind jaren negentig steeds meer richting Duitsland verlegde en de dubtechno van Basic Channel, verder uitgewerkt op het Chain Reaction-label, zeer invloedrijk werd. Uiteindelijk zou dit geluid terugkeren naar Detroit dankzij het werk van Deepchord. In 2007 verscheen op diens echospace [detroit]-label een verzameling remixes van Model 500's 'Starlight', met als hoogtepunten de beatloze Echospace dub door Rod Modell en Steven Hitchell—een auditief nirwana waarin de melodie wordt omcirkelt door waaiers van sterrenstof en vallende bliepjes—en kalm golvende extase van de Intrusion dub. Een eerbetoon waarmee de klassieke status van *Deep Space* officieel werd bevestigd. Twintig jaar later zijn we echter nog geen serieuze stap verder gekomen richting een verkenning van de warme kosmos.

# Levensvormen van de digitale oceaan

## J Majik – Slow Motion (1997)

Hoe deed je dat ook alweer in de tijd voor het Net? Bepaalde generaties bekruipt deze twijfel incidenteel. Over een aantal jaren—wanneer iedereen na 1993 is geboren—zal zelfs die vraag vervagen. Nu al is het onvoorstelbaar dat de eerste jaren, zeker tot de opkomst van Google, internet een tijdlang een onzekere status kende, en zelfs nog in termen van hype kon worden geduid, als iets wat mogelijkerwijs zou overwaaien en verdwijnen. Tegelijkertijd zorgde deze onzekerheid voor een avontuurlijke openheid van de digitale frontier. Opwindende ideeën vol mogelijkheden circuleerden die vrijwel meteen werden toegepast in het denken over muziek. Vernieuwingen in technologie gaan samen met vernieuwingen in muziek, die op hun beurt zorgen voor nieuwe manieren om hierover te schrijven. De jaren negentig vormen daarom ook een gouden tijdperk van de muziekkritiek. De sleuteltekst is zonder twijfel *Ocean of Sound: Aether Talk, Ambient Sound and Imaginary Worlds* van David Toop, dat met perfecte timing in 1995 verschijnt. In dit even wonderbaarlijke als melancholische boek legt Toop connecties tussen artiesten en genres die daarvoor zelden werden gemaakt: Erik Satie, Aphex Twin, Lee Perry, Miles Davis vormen maar een kleine selectie van namen. In de korte introductie stelt Toop dat muziek ons de afgelopen honderd jaar heeft voorbereid op de elektronische oceaan van de komende eeuw. Als luisteraar drijf je rond in die oceaan van geluid.

Sommige technoartiesten als Richard D. James hadden dit gevoel al snel te pakken. Onder de naam Polygon Window presenteerde hij in 1993 *Surfing on Sine Waves* dat een zorgeloze beweging door water, muziek en informatie laat samenkomen. Een oceaan is echter een levende entiteit. Het duo Drexciya uit Detroit creëerde op een reeks platen een prachtige mythologie rond een onderzeese samenleving van strijders die ooit is ontstaan nadat zwangere vrouwen vanaf slavenschepen werden geworpen. Oplettende lezers vinden al snel aanknopingspunten in het werk van sciencefictionschrijver William Gibson die in zijn cybertrilogie personages laat speculeren over geesten die de oceaan van silicium bewonen. Het debuutalbum *Slow Motion* van jungleproducer J Majik is een onderzoek naar dit soort levensvormen die in een synthese van het digitale en muziek worden gevangen. Als een nieuwe Darwin gaat hij op zoek naar de manier waarop ritmes, hoofdzakelijk in jungle, evolueren.

J Majik (Jamie Spratling) trad dankzij de track 'Your Sound' op jonge leeftijd toe tot de *inner circle* van het Metalheadz-label. Labelbaas Goldie betitelde hem als de Luke Skywalker van de breakbeat, kortom de jongeling die tot grote daden is voorbestemd. Nog steeds is 'Your Sound' een schoolvoorbeeld van de spectaculaire innovatie van jungle, een rivier van drums die vertakt, kolkt, dan weer in een waterval afdaalt en verder slingert. J Majik was een van die talentvolle *breakbeat scientists* die dankzij de toegenomen capaciteit van de computer en gebruik makend van de juiste programmatuur, ritme zelf onder de microscoop plaatsten en hier ingrepen op uitvoerden. In jungle werden onmogelijke ritmes mogelijk gemaakt en de vriendelijke concurrentie tussen muzikanten zorgde ervoor dat vernieuwingen op dit gebied elkaar vliegensvlug opvolgden. Tussen 1994 en 1998 een junglefeest bezoeken betekende dat je wekelijks veranderingen hoorde, alsof je in een futuristische operatiezaal belandde waar in plaats van het menselijk lichaam de kern van ritme werd ontleed.

Na een Cambrische explosie van ritme, een versnelde evolutie door middel van dubplates, 12"s en compilaties, begonnen in de tweede helft van de jaren negentig steeds meer jungleproducers te werken aan de volgende stap: het debuutalbum. *Slow Motion* werd in 1997 grotendeels overschaduwd door het langverwachte *Modus Operandi* van Photek. Ergens was dit puur een kwestie van marketingkracht. Photek (Rupert Parkes) had een perfecte deal gesloten met het machtige Virgin Records (een lucratieve overeenkomst waar Parkes later nog veel spijt van zou krijgen.) Zijn avontuurlijke Science-label werd in de *major* ondergebracht met behoud van artistieke vrijheid voor muzikanten als Source Direct en Stacey Pullen. *Slow Motion* daarentegen is het eerste album op Infrared, het eigen label van J Majik dat zonder een gedegen distributienetwerk en marketingbudget opereert. Tegenwoordig valt pas op hoe weinig informatie de hoes bevat, een minimum van titels, duur en namen van personen die hebben bijgedragen. Nergens is bijvoorbeeld het jaar van uitgave te vinden. Door de bescheiden presentatie heeft *Slow Motion* nooit echt de aandacht gekregen die het verdiende, wat destijds al bevreemde omdat het een van de sterkste artiestenalbums in het genre is. Zo sterk dat J Majik zelfs 'Your Sound' en de zwoele Amen-breakklapper 'Arabian Nights' niet hoeft te gebruiken. Dat was oud nieuws, jungle gaat over de toekomst.

Omdat het zo bezeten werkte aan de eigen vernieuwing veranderde jungle collectief regelmatig van sfeer en intensiteit. Volgens dj/producer Doc Scott waren binnen deze fasen ook weer seizoensveranderingen te ontwaren, klonk de muziek in win-

142

termaanden harder en donkerder dan in de zomer. In 1997 bevond men zich duidelijk op een nieuwe afdaling richting de duistere zijde. Alleen dit keer zou men er jarenlang in blijven steken en dit werd het genre bijna fataal. De eerste aanzet was echter indrukwekkend, tracks als 'Shadow Boxing' van Nasty Habits en 'Piper' van Jonny L zijn brute monumenten van de dansmuziek. *Slow Motion* gaat mee in deze beweging maar J Majik beseft duidelijk dat duisternis veel beter werkt met behulp van contrasten. Opener 'Stationary' maakt de alternatieve naam voor jungle, drum 'n bass, helemaal waar—vrijwel alles is ritme. Heel geduldig laat J Majik de drums hun werk doen, alsof hij ze als een wetenschapper onderzoekt. Sporadisch dient hij een melodisch accent of geluidseffect toe om het verschil te verifiëren, zodat uiteindelijk een optimale balans kan worden gevonden. 'Subway' ademt eenzelfde sfeer uit maar is complexer en maakt meer bochten. Een eigenaardige cadans ontstaat waar hij steeds meer stotters, pauzes en kleine accenten aan toevoegt. Deze drumsolo wordt gespeeld door een cyborg. Theoreticus Kodwo Eshun zou dit effect op karakteristieke wijze omschrijven:

The Breakbeat scientist never sweats: rhythmatics becomes less about practice, more about 'thinking and hearing', as Kraftwerk said. Moving into the possibility space of hyperrhythm, posthuman rhythm that's impossible to play, impossible to hear in a history of causation.

Later met 'Silicon Valley (Arcon 2 remix)' gaan J Majik en zijn remixer vol voor het spervuureffect, een glorieuze aanval op gehoor en lichaam waarmee dj's de toppen in een set konden verzekeren.

Maar zoals gezegd, *Slow Motion* is een album van contrasten. De ratelende ritmes worden op 'Mermaids' opeens ingeruild voor een ingetogen triphop-ritme en de eerste woordeloze stem beweegt langs golvende synthesizers. De titel verraadt het oceanische effect dat het teweegbrengt: een trage onderdompeling, de zon door het wateroppervlak verdunt in talloze puntjes en strepen, wegschietende vissen en steeds maar die narcotische stem die wil dat je dieper gaat, dieper luistert. J Majik weet hiermee slim aan de val van permanente duisternis te ontsnappen die de platen van zijn collega's vaak eenvormig doet klinken, dystopische visioenen vol surveillance en oorlogsmachines waar geen enkele hoopvolle toon een kans krijgt om aan te ontsnappen. 'Chakra' laat het ritme compleet wegvallen en presenteert zoiets als een aquatische ballad, voortgestuwd door stemmen die rechtstreeks lijken te zijn geland uit Eno's *Music for Airports*. Alweer toont J Majik zich zeer geduldig in de wijze waarop hij de gecreëerde ruimte vervolgens verkent en de vocalen met heel weinig zinnen laat opbloeien. De volgende track 'Gemini' zet je opnieuw op het verkeerde been door te suggereren dat de ambientfase een vervolg krijgt. Maar al snel worden de synthmotieven die vanuit 'Chakra' zijn gestrand overspoeld met nieuwe beats. Elke track daarna verschuift een dimensie van ritme, sfeer of vocalen waardoor een veel*zijdig* album ontstaat dat stilistisch toch coherent klinkt. Een prestatie die moeilijk is over te waarderen in dansmuziek waar artiesten hun eigen genre vaak geforceerd proberen aan te vullen met verkenningen van andere stijlen (de bijna spreekwoordelijke vocale track.) Een jaar later zou eindelijk Goldie's megalomane *Saturnz Return* verschijnen, een fascinerende mix van grote gebaren in verschillende stijlen. Zonder de signatuur die *Slow Motion* zo krachtig verbindt, voelt het project echter als een richtingloze verzameling experimenten waarbij elke samenwerkende artiest de kameleontische Goldie domineert.

*Slow Motion* nu beluisteren is een vreemde ervaring omdat het nog steeds klinkt alsof het morgen zal worden uitgebracht. Geen enkele muziek voelt op het moment zo achteloos vernieuwend. 1997 is nooit op een bevredigende manier voortgezet. Hier is het trauma van het muzikale futurisme te lokaliseren. We kunnen ons straks geen leven voor het internet voorstellen zoals we straks geen toekomst meer kunnen herkennen. Langzaam maar zeker worden we de traplopers van Escher.

# De nazomer van house

## Underworld – Beaucoup Fish (1999)

Het derde album van Underworld zou het laatste zijn in de formatie waarmee het uitgroeide tot een van de belangrijkste dancegroepen van de jaren negentig. In 2000 verliet het jongste lid Darren Emerson de groep waarna Underworld verder zou gaan als duo. Emerson koos voor een bestaan als jetset-dj. Zoals wel vaker in popmuziek zouden de afzonderlijke delen nooit meer eenzelfde kracht genereren. *Beaucoup Fish* verscheen op een raar moment voor house. Als leidend dancegenre was het lange tijd overvleugeld door jungle. Underworld had dit al snel door en hun tweede album *Second Toughest in the Infants* (1996) was grotendeels beïnvloed door de ratelende ritmes van jungle dat zich op een innovatief plateau bevond. Het resulteerde in een zoekend album waarvan de kern afwezig lijkt. De eerder verschenen instrumentale single 'Born Slippy', om onduidelijke redenen onvindbaar op het album, was eerder in de anonimiteit van de dansvloer opgeslokt. Voorzichtig kon men tot de conclusie komen dat de rol van Underworld uitgespeeld raakte. Datzelfde jaar verscheen de b-kant, een alternatieve mix met de naam .NUXX, in de populaire film *Trainspotting*. Dankzij een botter ritme en vocalen die de groep naar eigen zeggen voor de lol had toegevoegd, groeide 'Born Slippy' zowaar uit tot hun grootste hit. De uitroep "lager, lager" werd een van oneliners van het decennium. "So it goes", concludeert de schrijver Kurt Vonnegut in zulke gevallen.

Drie jaar later hebben de jungleritmes hun vernieuwende kracht verloren en zijn ze zoek op *Beaucoup Fish*. Underworld lijkt daardoor zichzelf te zijn geworden. De lange opener 'Cups' presenteert zoiets als een definitief statement, alsof house in zijn totaliteit al die jaren hier naar toe heeft gewerkt. Underworld straalde altijd een stedelijke grauwheid uit, van eenzaamheid doorbroken met flitsen van verwondering en genot. Met 'Cups' vluchten ze de stad uit. Opgewekte strijkers openen het geluid, dit is oceanische house: warm, positief en panoramisch. Karl Hyde's stem wordt dankzij effecten op unieke wijze verhuld, woorden rollen met moeite uit zijn mond, het resultaat van een nieuw soort dronkenschap. De elastische bas suggereert een beweging over golven. Wanneer Hyde "blue…blue…blue" zingt lijkt hij als door een omgekeerd evolutieproces in de oceaan te verdwijnen (de hoesfoto hint hier al naar.) Melodieën tingelen als vissen (*veel vissen*) om de luisteraar heen. 'Cups' lijkt zich zonder climax naar een logische conclusie te bewegen totdat vanaf [8:00] zenuwachtige drums opkomen en een brommende ravepuls een nieuw continent aankondigt. Een compleet onherkenbare stem beweegt zich nerveus tussen melodie en ritme door en dan start naadloos het conventioneel beukende 'Push Upstairs'.

Eigenlijk presenteert de beweging tussen sfeer en energie de kerngedachte van *Beaucoup Fish*. 'Shudder/King of Snake' is op deze manier samengevoegd, het eerste een fragment van kalm gitaarspel wordt opeens overgenomen door de riff van Donna Summers 'I Feel Love'. Dit is Underworld op zijn machinale best. Karl Hyde is een van de weinige zangers die zich echt heeft gerealiseerd welke uitdaging house vormde aan de stem. Het ritme van house was nooit bedoeld als basis voor zang. Ritme hoort te domineren. De plek van de stem is *in* het ritme. Hyde is niet bang voor herhaling, een woord dat goed klinkt verliest zijn kracht niet door het nog een keer te gebruiken. Een verhaal vertellen doet geen recht aan de complexiteit van de technologische realiteit, de taal moet helpen hypnotiseren. Wat Hyde daar aan toevoegt is een eigen vorm van surrealisme, een hoogst associatieve aanval van woorden. De muziek van Underworld krijgt een uniek karakter wanneer die woorden en ritmes een stapelend effect teweegbrengen, een snelheid die ze met moeite onder controle lijken te houden (op 'King of Snake' mooi geaccentueerd door een stotterend effect alsof Hyde het allemaal niet meer kan bijbenen.)

Underworld is altijd een inconsistente groep geweest. Elk album kent sublieme individuele tracks die op volstrekt originele wijze house herconfigureren, gevolgd door nummers die op de automatische piloot dreunen. Tegenwoordig lijkt de tendens naar kortere albums te zijn doorgezet maar *Beaucoup Fish* stamt nog uit een tijd dat artiesten zich verplicht voelden om de cd richting de maximale speelduur te vullen. Het album is eigenlijk gebouwd op drie pijlers: 'Cups', 'King of Snake' en 'Kittens'. De laatste is zo overdonderend dat het telkens weer verbaast wanneer hier nog muziek op volgt. Het heeft geen zin om de waarheid te ontwijken: 'Kittens' is, net als 'Rowla' op *Second Toughest in the Infants*, Underworld op zijn meest narcotisch. Dit soort instrumentale tracks zijn met een doel voor ogen samengesteld: om dansers naar totale extase te transporteren. Het knappe aan 'Kittens' is dat ze dit heel geduldig doen. Een introductie van opzwepende drums duurt bijna twee minuten, waarna een vreemd klikkend ritme volgt dat langzaam naar een eerste climax wordt gedreven, om vervolgens op [2:49] de eerdere drums tegen te komen en gezellig verder te denderen. Spookachtige gitaarwaaiers verschijnen die op afstand om het ritme heen bewegen. De ritmetrack valt weg en de elegante gitaar beweegt naar de voorgrond. De klikkende drums keren terug en iedere luisteraar weet wat er moet gebeuren. De gitaar begint nerveus te bewegen en met een kort rollende bassdrum wordt alles nog een keer gelanceerd. Alles wat hierna volgt is een anti-climax. Het bezeten 'Moaner'—twee jaar eerder gemaakt voor de *Batman & Robin*-soundtrack, hier gecombineerd met het flet-se 'Push Downstairs' en 'Something Like a Mama'—fungeert als een vierde pijler. Maar het voelt niet op zijn plek, klinkt als een gedachte die te laat komt. Het is alsof Underworld niet nog een keer de fout wilde herhalen die het op vorige albums maak-te door respectievelijk 'Rez' en 'Born Slippy' te negeren.

*Beaucoup Fish* kent teveel structurele problemen om het defini-tieve album van Underworld te mogen heten. Het ontstellend zwakke 'Bruce Lee' breekt al voor 'Kittens' de *flow*. Vroeger heette je dan een singlesband te zijn, maar dat is Underworld ook niet. Underworld lijkt gemaakt voor het digitale systeem dat zich aankondigt, waar de luisteraar zelf ingrijpt in de (voorheen) gegoten sequentie van het album. De cd-speler met program-meerfunctie en afstandsbediening had hiervoor al enige flexibili-teit aangereikt, dankzij de mp3 en later streaming speellijsten worden albums definitief gepersonaliseerd. 'Cups' was dan ook een van de eerste nummers die ik in 1999—erg traag—met Napster downloadde. De cd viste ik pas jaren later uit een tweedehands bak. *Beaucoup Fish* is een van de eerste exemplaren van een nieuw soort album, geen eindproduct, maar een bouwpakket. Iedereen draagt een eigen versie van *Beaucoup Fish* met zich mee (die van mij bestaat uit zeven tracks.) Net als de muziekindustrie bevindt Underworld zich als band dat jaar op een breekpunt. Met een positief relaxte houding eindigt bovendien het tijdperk van een bepaald soort house. Groepen als Chemical Brothers, Orbital, Prodigy en Underworld hadden het genre een gezicht gegeven en even leek een invasie vaste voet te krijgen aan de overkant van de oceaan. Schijnbaar uit het niets vindt vanaf het jaar 2000 een verschuiving naar Duitsland plaats en veranderen Berlijn en Keulen in de creatieve centra van house. Dat de band op *Beaucoup Fish* zich hier totaal niet bewust van is, vangt niet alleen de onbekommerde sfeer van 1999 richting de millenniumwisseling, maar geeft de muziek achteraf een ontwapenende onschuld. De zomer die nooit lijkt te eindigen, al voorspellen de langer wordende dubbelschaduwen anders.

# Ik leef techno

## Michael Mayer – Immer (2002)

Een van mijn favoriete platen is er een waar de artiest zelf enkel een remix aan bijdraagt. Het idee van de dj als auteur leefde voor house al in reggae en disco. Vaak werd hij door buitenstaanders gezien als een sinistere figuur in de traditie van de Rattenvanger van Hamelen die het einde van de muziek aankondigde. House radicaliseerde dit in eerste instantie doordat de dj veelal een anonieme rol kreeg toebedeeld, ver uit de buurt van het podium dat nu behoorde aan de dansers. Langzaam keerde de dj, als vervanger van de artiest, terug op het podium, wat uiteindelijk zou leiden tot de zelfverheerlijkende fratsen van trance-dj's. Het succes van house moest bovendien worden gekanaliseerd in verkoopbare muziek. De 12"'s die dj's draaiden werden in de eerste periode vaak massaal gekocht, al misten ze uiteindelijk gebruikersgemak. Voorzichtig verschenen de eerste albums van artiesten als 808 State en Adamski, die hun dansvloerhits omringden met nieuwer werk. De voorheen schimmige producers kregen een carrière als muzikant.

Maar een album met losse tracks was van een andere orde dan de ervaring in de club, waar de dj naadloze overgangen wist te verzorgen, ritmes en geluiden elkaar soms op wonderbaarlijke wijze wisten te completeren en de meest getalenteerde dj je bij de hand nam op zoiets als een reis door muziek. Op die momenten is de dj een nieuw soort muzikant en de dansers verlangden naar meer. In de extase van house huist echter melancholie. De pieken zijn hoog, maar iedereen leert snel dat ze niet kunnen aanhouden. Elk feest gaat voorbij. De mix-cd was een noodzakelijke vinding, die de beat—voorbij de rave—in stand hield, in ieder geval tot het volgende feest. Natuurlijk deden er al jaren cassettes de ronde met opnamen van dj-sets, maar deze waren vaak van erbarmelijke geluidskwaliteit (nu vanzelfsprekend veelgezocht vanwege de historische waarde en het gevoel van authenticiteit.) Tijdens de opkomst van dj's met namen die werden onthouden en garant stonden voor kwaliteit en een herkenbare stijl, ontstond ook de mix-cd. Een vroege reeks was de *X-Mix* serie, films met voor die tijd hoogstaande digitale animaties die werden gekoppeld aan een studiomix van dj's als Laurent Garnier of DJ Hell (en op de late uren in het weekend door MTV werden uitgezonden ten behoeve van thuiskomende ravers.)

Tegenwoordig is de mix-cd zijn bestaansrecht vrijwel compleet kwijtgeraakt. Wordt de mix-cd nog steeds uitgebracht, dan is hij meestal gelieerd aan een club, een klein puzzelstukje in de *corporate identity*. Maar artistiek gezien is zijn rol grotendeels uitgespeeld in een tijd waarin podcasts voor een overdaad aan goede mixen zorgen en het steeds eenvoudiger wordt om (zelfgemaakte) mixen te streamen met gespecialiseerde websites als Soundcloud en Mixcloud, die bovendien commentaar toestaan en compleet zijn geïntegreerd met sociale media. Er begint al zelfs een nostalgie te ontstaan naar bepaalde mixen die ooit als radio, stream of mp3 werden gepresenteerd. Dit alles garandeert dat er nooit meer een mix-cd zal verschijnen met de impact van Michael Mayers *Immer*. Mayer is medeoprichter van het Keulse Kompakt-label dat eind jaren negentig voorzichtig aan een opmars begon met een vaak melodieuze interpretatie van techno, waarbij artiesten een eigen, introverte, muzikale identiteit mochten uitdragen die regelmatig verwees naar de Duitse wortels. Hun jaarlijkse compilaties met de generieke naam *Total* werden al snel door de liefhebbers van avontuurlijke dansmuziek opgepikt. Met het derde deel uit 2001 was Kompakt gereed om te heersen over de Europese techno. De *Total*-compilaties werkten uitstekend als popmuziek, een hip-futuristische variant op het verzamelbandje met speciaal geselecteerde nummers. Wat

Kompakt nog miste, was een mix die als statement of manifest
kon dienen.

*Immer* was vanaf het eerste moment een klassieker. Het is zelf-
bewust gebouwd voor die status. Een monument voor techno.
Als muziek, maar ook al levensstijl. *Altijd*, als in *voor altijd*—een
poging om techno tijdloos te laten klinken—en als in *op elk
moment*: er is altijd tijd voor techno. In de auto, in bed, wanneer
je opstaat, tijdens het werk en op weg naar de club. De mix
vormt geen echte representatie van een set in de club. Structureel kent hij misschien dezelfde opbouw, maar de muziek is
ingetogener, zou nooit de dansvloer collectief tot grote hoogte
brengen. Techno ontsnapt aan de club en nestelt zich in het
ritme van het alledaagse leven. Technisch gezien is *Immer* helemaal niet uitzonderlijk. Hier geen snelle opvolging van platen,
geen gebruik van effecten, geen digitale ingrepen die op dat
moment werden ontwikkeld (zie Richie Hawtins fascinerende
serie van *Decks, EFX & 909* mixen.) Mayer laat de platen lang
doorlopen—hij lijkt gefascineerd door de hypnotiserende cadans van veel tracks—en mixt ze secuur aan elkaar. Hij weet dat
de muziek sterk is en weinig meer nodig heeft, de rest is opbouw. Hiermee kan zijn auteurschap op bescheiden manier
worden getoond.

*Immer* is complementair aan *Friends* van Triple R, de mix-cd die later dat jaar op Kompakt zou verschijnen, met gebruik van eenzelfde zakelijk Duits lettertype en ingetogen sfeer. *Friends* ademt neon en nacht uit, het sociale. *Immer* is introvert en bewandelt een andere, tegendraadse cyclus: het grootste deel van de muziek roept associaties op met natuur, licht en zon—een wereld die niet vaak hoorbaar wordt gemaakt in techno, toch meestal verankerd in stedelijke grauwheid of de duisternis van de kosmos. *Immer* klinkt als de eerste lentedag, een ontwaken. Ook van techno zelf, dat een tijdlang met zichzelf in de knoop had gelegen, totdat de Duitsers een helpende hand toedienden. Want dit is in wezen Duitse muziek. Waarom kan men dit zo overtuigd stellen? Alle titels—behalve van het album zelf—zijn in het Engels of onbepaald, drie artiesten komen uit andere landen, geen van de onopvallende stemmen zegt een woord in het Duits. Dat is niet meer nodig. Allereerst is er de zorgvuldigheid van de muziek, alsof alle elementen met de hand zijn gemaakt en vervolgens heel nauwkeurig in elkaar gezet. Het is ook een muziek die, zodra je het in de auto laat klinken, met zijn nadruk op puls in plaats van beukende bassdrum, een glijdende beweging door het Duitse landschap oproept. Asfalt, ruimte, wouden en tunnels.

Het cruciale moment van *Immer* is de omslag die 'Perfect Lovers (Unperfect Love Mix – Tobias Thomas & Superpitcher)' van Phantom/Ghost teweegbrengt, alsof een wolk voor de zon trekt en de opgewektheid kortstondig transformeert in melancholie. Gustav Mahlers *Adagietto* uit Symfonie nr.5 klinkt van een krakerige plaat. Inmiddels een van de bekendste stukken uit de klassieke muziek, maar een die niet zomaar verschijnt in een technomix. Het is aangebracht als verwijzing. Vanzelfsprekend is het niet meer los te horen van het gebruik in Visconti's *Morte a Venezia* (1971), op zijn beurt een verfilming van een roman van de Duitse schrijver Thomas Mann, die weer gefascineerd was door de rol van de kunstenaar in de maatschappij. Wat deze artiesten verbindt is romantiek en Mayer plaatst *Immer* resoluut in deze traditie. Mahler werd onder andere gedreven door de overtuiging dat de Duits-Oostenrijkse muziek hoger in rang stond dan de rest, vanwege een bepaalde spirituele en filosofische betekenis, of—als je het heel Duits wilt hebben—een ondefinieerbare *Geist* bezit. Muziek die zowel over gevoel als narratief beschikt, al kun je *Immer* naar eigen inzicht koppelen aan andere romantische ideeën als een fascinatie voor het mystieke, het subjectieve, het oneindige, natuur vanzelfsprekend (de vogels die zingen op de Superpitcher remix van 'Krokus'), de nationale identiteit en de nacht. De laatste drie tracks klinken daadwerkelijk alsof de nacht valt en de lichten dankzij het hogere, rollende tempo, langs voorruit en blikveld schieten. De vermoeidheid slaat toe, maar ook die voelt prettig, zoals de prachtige baslijn van Paul Nazca's 'Surface' aangeeft. Het speelse ritme drijft de luisteraar voort en lange melodielijnen verschijnen die doen denken aan de tunnels in Kraftwerks 'Trans-Europa Express' (de niet zo *missing link* in de romantiek van Kompakt.) Het afsluitende 'Adriano' (M. Mayer remix) geeft alweer zicht op een dageraad, al is het de vraag of zoiets als slaap wacht. Voor het individu misschien: de danser met vermoeide spieren, de automobilist wiens oogleden met moeite niet definitief neervallen en de dj die door ongeduldig personeel gesommeerd wordt om zijn laatste plaat te draaien, hoezeer de glimmende ogen—meer pupil dan iris—van de overblijvers vragen om nog meer. Maar de mix gaat altijd door, de aarde draait stug verder, ritme is overal.

# De vrolijke trip

## Boards of Canada – The Campfire Headphase (2005)

W ie een kindertijd heeft gekend die grotendeels overlapte met de jaren zeventig zal instinctief geraakt worden door de muziek van Boards of Canada. Met behulp van hun ongetwijfeld uitgebreide collectie synthesizers weten de broers Michael Sandinson en Marcus Eoin sinds het debuut *Music Has the Right to Children* (1998) een unieke ervaring te creëren in de vorm van een muzikale tijdmachine die diepe gevoelens van verwondering en melancholie oproept. Boards of Canada is zonder meer nostalgisch, maar modern. Niemand klonk in de jaren zeventig als het duo (alleen Cluster is, naast vanzelfsprekend Kraftwerk, als een mogelijke invloed aan te wijzen.) Tracks zijn opgebouwd uit kinderstemmen, fragmenten van oude televisieprogramma's en melodieën die hun oorsprong lijken te kennen in de weifelende klanken van muziekdozen. Vaak klinkt Boards of Canada herkenbaar, alsof een lang vergeten herinnering aan de oppervlakte van het bewustzijn verschijnt, zonder dat je ooit precies kunt aanwijzen waar het aan doet denken. Ze zijn meesters van de associatieve herinnering. Met muziek schenken ze toegang tot een domein dat voorafgaat

161

aan de taal, waar stemmen magische klanken vormen, licht en schaduw vreemde intensiteiten kennen, alles veilig is wanneer de moeder lacht.

De generatie '71 is om verschillende redenen gevoelig voor nostalgie. De wereld kende een zekere esthetische naïviteit die goed paste bij de beleving van het kind. Films en televisieprogramma's werden volgens Zweeds model met zorg—zonder opgefokte commerciële doeleinden—voor kinderen gemaakt en veel ouders lieten hen met een soort gespeelde onverschilligheid (en zonder de leiband van het mobieltje) vrij om de directe omgeving te verkennen. Door dit gevoel te kanaliseren kon Boards of Canada snel uitgroeien tot een van de populairste groepen op het technolabel Warp, daarbij enigszins geholpen door de hermetische richting die Autechre onbevreesd had ingeslagen en de steeds olijk wordende constructies van Aphex Twin. Boards of Canada was duidelijk een product van rave, licht avontuurlijk, maar altijd vriendelijk. Betrouwbare muziek voor diverse dagdromen.

Michael Sandinson omschreef het tweede album *Geogaddi* (2002) als "een plaat voor een soort vuurproef, een claustrofobische, kronkelende reis die je vrij duistere ervaringen schenkt voordat je de open lucht bereikt." Het is een album vol hints naar heidense rituelen, de natuur als mysterieuze kracht, waar het psychedelische gehoor grotten hoort gapen die men misschien beter niet kan betreden. De opvolger zal inderdaad in de open lucht worden gesitueerd: *The Campfire Headphase* is Boards of Canada op hun zonnigst. Kamperen staat deze reis centraal en daar wordt niet geheimzinnig over gedaan. De muziek is grotendeels opgewekt, kalm en geregeld gevuld met geluiden van vogels en beekjes. Bij kamperen hoort een gitaar en de hoeveelheid snaren die is te horen, zorgt grotendeels voor de karakteristieke sfeer van het album. Wat nodig is omdat Boards of Canada beschikt over een sterk signatuurgeluid—een auditief equivalent van de instant Polaroid/Super 8 filter—waardoor elk thema dat ze uitkiezen meteen onderdeel wordt van hun wereld. Eenvormigheid en herhaling liggen altijd op de loer en daar moet, met behulp van krachtige motieven, aan worden ontsnapt. Even klinkt de inzet van akoestische gitaar op 'Chromakey Dreamcoat' te makkelijk, als een krachtig, nieuw ingrediënt dat overheerst, maar al snel verzinkt de gitaar in hun klankpalet, is het bijna niet terug te voeren tot een fysiek exemplaar dat de lucht doet trillen door middel van snaren. Het mooist is dit te horen op 'Peacock Tail', waar geluiden van vingers die over snaren schuiven zachtjes echoën en halverwege iets dat klinkt als een lange wah-wah solo binnensluipt, zonder het spierballenvertoon van psychedelica, maar subtiel langs ritmes en melodieën gedrapeerd, bijna onherkenbaar als gitaar. De eerste helft van 'Dayvan Cowboy' daarentegen is een gitaarveld in de stijl van My Bloody Valentine, waarna de melodie wordt overgenomen door oriëntaalse strijkers in een duidelijke hommage aan Gainsbourgs *Histoire de Melody Nelson*. Boards of Canada hebben nog nooit zo opulent geklonken. De kampeerders hebben een flinke klim voltooid en aanschouwen een vallei. Natuur als utopie, de terugkeer naar Eden.

Op *Geogaddi* waren de tracks vrijwel onlosmakelijk met elkaar verweven, een krachtig model dat hier wordt herhaald. Natuurlijk is er de gebruikelijke korte intro ('Into the Rainbow Vein') dat als een soort openingsnummer van een televisieserie fungeert, maar het lijkt er steeds meer op dat tracknummers zijn aangebracht als een conventie in plaats van strenge afbakening. Net als op *Loveless* transformeren nummers in schijnbaar losstaande miniaturen, die vervolgens overgaan in een volgende track (bijvoorbeeld het gitaargetokkel in de stijl van Jimmy Page dat 'Slow This Bird Down' beëindigd en de luisteraar door een muur van statische geluiden bereikt.) 'A Moment of Clarity' en 'Ataronchronon' vormen typische ambienttracks die zijn-maar-niet-zijn, puur sfeer die de reis in een andere richting duwt. Dit is onvervalste koptelefoonmuziek, gedetailleerd, vol subtiele veranderingen in aura, een gloed die de ruimtelijkheid en emotionele lading kan dicteren. Het roept een stemming op die zonder meer prettig aanvoelt, als een onderdompeling in een muzikaal vakantieboek waar de binnenkant van de cd een visuele tegenhanger van vormt, een uitgebreide verzameling portretten van jaren zeventig kinderen en tieners op reis: in de buitenlucht, spelend, achter primitieve computers gezeten, ouderwetse kapsels die onmogelijk zijn te imiteren, Californische meisjes met wipneuzen. Iedereen vrolijk. De vrolijkheid van de jeugd, verdubbeld in de naïviteit van het decennium, die—hoe dan ook verloren—weemoedig stemt. Soms vergeet je door het overkoepelende effect haast hoe wonderbaarlijk goed Boards of Canada is in momenten. 'Oscar See Through Red Eye' presenteert een uiterst zelfverzekerd en uniek doolhof door de electro, waar ritmes in- en uitelkaar schuiven, terwijl op onverwachte momenten melodische spiralen door het bouwsel vallen. Het eerder genoemde 'Peacock Tail' is niet anders op te vatten dan hun versie van gospel, een herhalende melodie—ingekleurd met het zachtste synth-geneurie—die langzaam lijkt op te stijgen terwijl het ritme meeklappen afdwingt. Een vreemd collectief-intieme sacraliteit die je doet afvragen wat in de limonade zat die rond het kampvuur werd uitgedeeld.

Want dit is een trip als reis en drugservaring. De titel *The Campfire Headphase* hint er, dankzij hun uitgekiende gevoel voor zelfverzonnen woordcombinaties, al naar. Wanneer de avond valt krijgt de idylle een rand, keren de schaduwen terug. Dit keer vriendelijker dan op *Geogaddi*, al stapt niemand zo maar het donkere woud in. Waarom zou je ook, als de vlammen knetteren met complexe details en houtblokken gloeiende deeltjes richting de sterren lanceren. Mijmeringen over tijd en tijdloosheid. Langzaam overmant de slaap iedereen, nieuwe geliefden bezoeken elkaars lichamen of dromen en dan klinkt 'Tears of the Compound Eye', een loom spel van twee wollige melodieën dat het perfecte electronica slaapliedje vormt. Brian Wilson op zijn meest narcotisch heeft de muziek in een van zijn visioenen ooit eerder gehoord, maar wist het nooit te reproduceren. Terwijl het idee zo eenvoudig leek en de melodieën lange tijd op de grens van zijn herinnering balanceerden. 'Farewell Fire' is ongeveer van hetzelfde kaliber, een steeds herhalende melodie met kleine variaties brengt de definitieve rust. In een extreem lange fade-out, die na enkele minuten bijna niet meer hoorbaar is, spiegelt de muziek het geleidelijk dovende vuur. Aan het eind van het rustende gehoor beginnen de eerste vogels alweer te zingen.

# Amerikaanse romantiek

## Velvet Cacoon – Atropine (2009)

Voor de (pop)kritiek is de drone de meest ongrijpbare vorm van muziek. Een goedwerkende drone *is* gewoon. Op de lange, herhalende tonen bijt de taal zich stuk. De drone is een van de oudste vormen van muziek. Door de eeuwen heen heeft het geluid zich vanuit Azië over de rest van de wereld verspreid, totdat het in de jaren zestig onderdeel werd van de Westerse avant-gardemuziek. Via The Velvet Underground en 'Tomorrow Never Knows' van The Beatles kwam het uiteindelijk in de popmuziek terecht, waar het sinds de opkomst van de synthesizer en de populariteit van ambient in de jaren negentig kon floreren. Maar wat karakteriseert een goede drone? De veranderingen binnen een muziekstuk zijn vaak zo minimaal dat toon en klankkleur meteen vaststaan. Het gaat er meer om of een drone plezier schenkt en wat rond de drone gebeurt, welke betekenis het genereert. Dit werd plotseling duidelijk toen het Zweedse duo The Knife op hun *Shaking the Habitual* (2013) een drone van 19 minuten lengte plaatsten met de prachtige titel 'Old Dreams Waiting To Be Realized'. Sommige luisteraars werden afgeschrikt door de track, wat een legitieme reactie is gezien de breuk die het presenteerde met de technopop van The Knife. Een problematischere reactie bleek die van zelfverklaarde kenners te zijn die de drone als amateuristisch omschreven. Wie zich in een muziekgenre verliest, kan inderdaad onnoemelijk veel details ontwaren die een achteloze luisteraar niet hoort. Maar in dit geval bestaat het onderscheid niet. De drone maakt andere dingen los, zoals snobisme, oftewel smaak als spel met verschil.

Smaak is een spel dat de Amerikaanse black metalband Velvet Cacoon met verve speelt. Rond 2000 komt een golf van Amerikaanse black metal op (vaak afgekort als USBM.) In tegenstelling tot de van oorsprong hoofdzakelijk Scandinavische black metal die langzaam verzandt in zijn eigen clichés van satanisme en corpse paint, injecteren de Amerikaanse acts (het zijn meestal individuele projecten) de muziek met een machinale strakheid. Wat in de praktijk vaak betekent dat de ultrasnelle ritmes door drumcomputers in goede banen worden geleid. Binnen deze stroming in een stroming, waar populariteit geen streven hoeft te zijn, konden obscure bands redelijk eenvoudig een niche voor zichzelf vinden. Al snel kwam een duo met de naam Velvet Cacoon bovendrijven dat slim gebruik maakte van zelfmystificatie. In spaarzame interviews ontstond een beeld van twee artiesten die zich distantieerden van alle black metalconventies. Deze bewoners van Portland presenteerden zichzelf als natuurliefhebbers met een bovengemiddelde interesse in de chemische verbinding DXM (dextromethorfan). De rest van hun verhaal is gelardeerd met fantasie-elementen, zoals een relatie met ecoterroristische bewegingen en het gebruik van de dieselharp, een bizar gitaarvormig instrument van metaal waarin brandende vloeistoffen geluid zouden opwekken, dat volgens de band een belangrijke rol speelde op hun album *Genevieve* (2004). Met hun kunstzinnige imago en ridiculisering van satanisme riepen ze veel weerstand op in een scene die authenticiteit als een morele verplichting ziet. Leugens verspreiden is hier een doodzonde (al is het even geloofwaardig dat de bandleden er op een gegeven moment genoeg van hadden om steeds dezelfde vragen te moeten beantwoorden, het nadeel van een *te* mooi verhaal.)

Dit in tegenstelling tot hun steeds grotere interesse voor de synthesizer, waar in black metal veel minder weerstand tegen bestaat dan in andere varianten van rock. Het Noorse Burzum—een van de pijlers van het genre—experimenteerde in navolging van landgenoten When met lange ambienttracks als 'Rundtgåing av den transcendentale egenhetens støtte' die bijna niet te onderscheiden zijn van het meer arctische werk van Aphex Twin of Biosphere. Velvet Cacoon zelf begint voorzichtig met het toevoegen van een enkel ambientnummer. De band lijkt zich te realiseren dat de cultus van snelheid in black metal niet alleen een doodlopende weg vormt, het is sinds de Futuristen ook een vast onderdeel van de fascistische esthetiek. Je kunt maar zo snel gaan totdat een catastrofe volgt. De logische uitweg is om het tegenovergestelde te doen, om radicaal stil te vallen. Op hun debuut *Dextronaut*, dat pas later een officiële release kent, is de tweede plaat gevuld met drie lange ambienttracks. Pure drones die soms nog een kleine verandering kennen, waarbij een hint van een oplichtende melodie als contrast dient. Op het dubbelalbum *Atropine* valt zelfs dit contrast weg. Wat overblijft, is de aura van metal. *Atropine* is een van de koudste platen ooit. Het bevindt zich in het gezelschap van onder andere *The Marble Index* (1968) waarop Nico de middeleeuwen als de winter van de ziel presenteert. Genregenoot Wrest riep op *Lurker of Chalice* (2005) eenzelfde kilheid op, maar hij gebruikt nog stemmen, die hoezeer ze ook "all I want is blackness" fluisteren, nog steeds menselijk zijn. Velvet Cacoon gaat een stap verder en ontdoet de muziek van elk menselijk spoor. De muziek bestaat alleen nog maar uit lange pulsen, een veld van zacht brommend geluid waarin het, ondanks de associaties van duisternis, prettig vertoeven is.

Hier, aan de grens van geluid, begint het associatieve proces. In plaats van ze titels te geven had Velvet Cacoon de luisteraar compleet vrij kunnen laten door de tracks te nummeren zoals de schilder Mark Rothko deed met zijn schilderijen. Als kijker ben je compleet aan jezelf overgelaten in de confrontatie met zijn abstracte vlakken. Rothko is overigens een goed referentie-punt voor de muziek op *Atropine*, vooral zijn zwarte vlakken No. 1 tot en met No. 8 uit 1964. Zwarte vlakken die hoe langer je er naar kijkt meer details prijsgeven. Wellicht zwaarmoedig, maar ook onderdeel van de menselijke psyche waar sommige mensen door gefascineerd raken. Zwart dat een schoonheid bezit. De albumtitel is vruchtbaar voor verwijzingen. Atropine is een bestandsdeel van wolfskers, misschien beter bekend on-der de naam belladonna. De plant zelf, waarvan een gering aan-tal ingenomen bessen al dodelijk is, kent een lange geschiedenis als medicijn. En als goed pharmakon werd het ook om esthe-tisch redenen gebruikt: tijdens de renaissance werd het sap van de bes door vrouwen in de ogen gedruppeld om de pupillen te verwijden (de reden waarom atropine nog steeds door oogart-sen wordt toegepast.) Een dodelijk gif dat, wanneer men het in beperkte hoeveelheden inneemt, voor een hallucinerende roes zorgt, ergens tussen levende droom en bijna-doodervaring in. Atropine is al jaren een undergrounddrug waar de meer nihilis-tisch ingestelde trippers interesse in tonen (een aantal leden van de Manson Family waren onder invloed van belladonna tijdens hun beruchte moordpartijen van 1969.)

Zoals gezegd was Velvet Cacoon boven alles geïnteresseerd in het gebruik van dextromethorphan, naar eigen zeggen een verbinding van "pure goddelijkheid en genialiteit", de inspiratie achter alles wat de band doet. Maar op de labelwebsite presenteert het duo *Atropine* als een vijfjarig experiment met natuurlijke middelen, naast belladonna—mandragora, scheerling, doornappel, bilzekruid en blauwe monnikskap. Allemaal planten waarvoor je als kind door je ouders bent gewaarschuwd, maar tegelijkertijd omgeven met spannende historische associaties als de dood van Socrates, heksen en gifmenging. Dood en natuur zijn het terrein van de romantiek. De titels van de nummers op *Atropine* lezen dan ook als een bloemlezing van romantisch gedichten: 'Funeral Noir', 'Graveside Sonnet', 'Nightvines' en 'Earth and Dark Petals'. Gecombineerd met de kalmte van de muziek ontstaat het beeld van een mistige schemerwereld aan de rand van de civilisatie waar de geologische tijd heerst. Een toegangspoort tot verschillende realiteitsniveaus, waar het bewustzijn een confrontatie aangaat met grootheden als de natuur en daarachter het universum. Beiden compleet onverschillig ten aanzien van de mens.

Zijn de tracks daardoor inwisselbaar? Functioneel gezien wel. Elke track is een variatie op de schemertoestand (zoals de meeste planten die ter inspiratie dienden uit de nachtschadenfamilie komen) waarvan de verschillen mogelijk pas na jaren luisteren scherp worden afgetekend. Wellicht is het toeval maar 'Dreaming in a Hemlock Patch' is met een speeltijd van 36 minuten het hoogtepunt van de plaat, alsof het proces van verzinking bij een extreme lengte pas optimale effecten teweegbrengt. Misschien is dit gewoonweg de best geconstrueerde drone. Een definitieve verklaring is niet te geven. De schaduw die zich door de gehoorgang baant en het gevoel wat hierdoor in de hersenen opbloeit, zijn het enige dat telt. Een muzikale vergiftiging voorbij goed en kwaad. Een zwijgend landschap zonder verlossing.

# Welkom terug in de toekomst

Plastikman – Ex (2014)

D eze kritiek is opzettelijk geschreven in aanloop naar het verschijnen van *Syro*, het langverwachte nieuwe album van Aphex Twin. De dagen tot 22 september 2014 vormen een periode van hoop en speculatie. Hoe goed wordt het album? Zal een nieuw geluid klinken? Keert daarmee de toekomst—het onvoorspelbare—weer in de muziek terug? Toch is het onwaarschijnlijk dat een enkel album nog een revolutie kan ontketenen, uit het niets een sprong voorwaarts zet. Een besef begint te dagen dat dit onvermogen vrijwel niets te maken heeft met de kwaliteit van de hedendaagse muziek. Veel eerder is er sprake van een verzameling factoren die grotendeels kunnen worden samengevat als het negatieve bijeffect van de digitale informatiestroom. Televisie, radio en de muziekpers hebben afgedaan als informatiebron. Artiesten maken vooral gebruik van social media om aandacht te creëren voor nieuw werk. Geen wonder, want het is, behalve goedkoop, uiterst effectief wanneer je een viraal effect weet te bereiken. Twee foto's in twee dagen waren bijvoorbeeld genoeg om elke fan van Aphex Twin via internet te laten weten dat *Syro* zou verschijnen. Net als in de betere mythe moet er echter een verborgen prijs voor worden betaald. Dankzij de snelheid van informatie is de muziek, meestal voordat deze daadwerkelijk is gehoord, al overladen met betekenis. Aan de ene kant kan *Syro* de snel aangewakkerde belofte nooit waarmaken en tegelijkertijd stort men zich er met grappen, trollacties en geoefende teleurstelling als een soort sprinkhanenplaag op. De muziek zal uiteindelijk worden gehoord, die ervaring online gedeeld, waarna men op zoek kan gaan naar een nieuw fenomeen om kaal te vreten. Als onder invloed van een tijdsparadox lijkt een plaat die twee maanden geleden verscheen al vergeten alsof hij jaren geleden uit de handel is genomen. Wie er een positieve draai aan wil geven, moet bedenken dat een groep liefhebbers achterblijft die pas veel later, door een album in het leven te verweven, tot een afgewogen inzicht komt en zoiets als plezier voelt.

Tijdens de uiterst vruchtbare jaren negentig heerste een ander soort snelheid. Er werd zoveel goede muziek gemaakt dat men te vlug voorbij innovatieve genres is geraasd die hun volledige potentieel bij lange na niet hebben bereikt. Het beste voorbeeld is de vorm van techno die de enigszins problematische benaming Intelligent Dance Music (IDM) kreeg. In de eerste helft van de jaren negentig concentreerde zich rond het Britse Warplabel een groep jonge artiesten als Autechre, Aphex Twin en

The Black Dog, die een minder op de dansvloer gerichte vorm van techno verkende. Luistertechno. Warp vormde het epicentrum maar de muziek werd op diverse plekken gemaakt en door verschillende labels verspreid. Met de komst van jungle leek de muziek ingehaald en terzijde te worden geschoven. En hier ligt het huidige potentieel, want IDM is niet af, veel vertakkingen zijn onontgonnen en wachten om verkend te worden zoals James Holden in 2013 bijvoorbeeld bewees met zijn avontuurlijke *The Inheritors*.

Een van de aan IDM gelieerde producers is de Canadees Richie Hawtin die vroeg werk op Warp uitbracht maar vooral furore maakte onder de naam Plastikman. Hawtin groeide in die tijd uit tot een van de meest innovatieve en populaire dj's. In tegenstelling tot zijn uiterst dansbare dj-sets zocht hij op albums als *Sheet One* (1993) en *Musik* (1994) naar een meer verstilde interpretatie van techno en acidhouse. Net als Aphex Twin leek Hawtin het na een succesvolle periode voor gezien te houden. Zijn *Closer* uit 2003 was het laatste Plastikman-album en daarna legde hij zich vooral toe op het technische aspect van dj'en, een zoektocht naar manieren om de praktijk van het dj'en in een digitale wereld te vernieuwen. Net op het moment dat de liefhebber definitief moest concluderen dat Plastikman een afgesloten hoofdstuk was, verscheen eind 2013 een levensteken met de aankondiging van een nieuw album. In een intrigerend video-interview met Mana Wynwood voor Miami Art Week vertelt Hawtin over de relatie met zijn broer, die beeldend kunstenaar is, en hoe techno en kunst voor hem altijd verbonden zijn geweest. Een uitnodiging om in het Guggenheim Museum van New York op te treden, vormde uiteindelijk de opheffing van Hawtins *writer's block* en in vijf dagen wist hij een nieuw Plastikman-album af te ronden. De architectuur van het museum en de context van beeldende kunst bleken bevrijdend te werken. In juni verscheen dan eindelijk *Ex*, zoals op 6 november 2013 opgevoerd in het Guggenheim.

Een van de belangrijkste verklaringen voor het geluid van *Ex* is te vinden in de hoestekst: In Memory of Peter "Namlook" Kuhlmann. De in 2012 veel te jong gestorven Namlook vormde met zijn Fax-label lange tijd de belangrijkste evenknie van Warp. Met een onnavolgbare reeks albums en samenwerkingen drukte hij, vooral in de jaren negentig, een stempel op techno en ambient. Met Namlook zou Hawtin drie albums maken die de titel *From Within* droegen. Hawtin was op zijn eigen platen altijd een geduldige minimalist die het geluidsspectrum nooit onnodig vulde en geen enkele moeite had met het gebruik van herhaling. Maar Namlook leerde hem een ander soort geduld: de lange spanningsboog. De muziek op *Ex* is meteen te herkennen als Plastikman, niemand produceert van die typisch droge, vreemd roterende, bliepjes. Tegelijkertijd is het een album dat zijn oude leermeester muzikaal eert. Zoveel wordt duidelijk met de opener 'Exposed' dat de tijd neemt om, in meer dan tien minuten, in beweging te komen. De eerste voorzichtige bassdrums bereiken pas op de helft van het album met 'Extrude' hun volle diepte.

*Ex* kent een klassieke opbouw met een afdaling richting de duisternis, om vervolgens terug te keren naar het licht. Dit is een narratieve beweging die niet alleen talloze mythologieën kenmerkt maar ook is terug te vinden op grootse electronicaplaten als *Geogaddi* (2002) en *Zauberberg* (1997). Maar waar Boards of Canada en Gas een beeldende reis door de natuur opriepen, is de muziek van Plastikman veel abstracter van aard. Dat is geen verrassing want sinds de ommekeer op *Consumed* (1998) heeft Hawtin meer inspiratie gevonden in de kunst van Barnett Newman, Anish Kapoor en Mark Rothko dan op de dansvloer. Luisterend naar *Ex* is het meestal lastig om concrete beelden op te roepen en dit is een van de karakteristieke eigenschappen van Hawtins muziek. En toch, dat wat koud en machinaal zou moeten klinken, is juist bij vlagen extreem menselijk. Zelf het donkere middenstuk van *Ex*, waarin men eenvoudig kan verdwalen, wordt gekenmerkt door een gevoel van eenzaamheid. De eenzaamheid die men voelt op de dansvloer wanneer de golven van plezier wegebben en alleen lichamen gekoppeld aan technologie overblijven. *Wat doe ik hier?* Elke danser kent deze twijfel die in de donkere club dieper, welhaast heroïsch, aanvoelt. Daarom voelt techno overdag, op festivals, artificieel. Techno is de omkering van Plato's grot. De in het zonlicht geketende danser vindt, wanneer hij zich bevrijdt en afdaalt, pas aan het eind van de gang, waar de flikkerende stroboscoop de schaduwen in de grot vormt, zoiets als waarheid. Dan in 'Expire' trekt Hawtin met de terugkeer van dwingende acidbliepjes de luisteraar naar boven, om met het afsluitende 'Exhale' een emotionele bevrijding te bieden door in de beste Detroit-technotraditie waaiers van melodie los te laten. *Ex* is het werk van een muzikant die zijn instrumenten compleet beheerst. Elk geluid is zorgvuldig geplaatst, wordt onderdeel van een grote beweging. Het gevaar met zulke constructies is dat ze afstandelijk klinken. Vandaar dat de beslissing om het album live op te nemen een juiste is geweest. In *Ex* hoor je nog de menselijke aanraking, beslissingen in de tijd, vaak niet meer dan het even wegfilteren van de bas, waardoor de muziek ademt.

In het grotere geheel van muziek in 2014 zal *Ex* weinig veranderen, het is duidelijk een voortzetting van een compleet eigen stijl die is terug te voeren tot de vroege jaren negentig. Maar daarin bevindt zich ook de kracht. *Ex* maakt duidelijk dat er twee soorten futurisme bestaan. Er is een soort kunstwerk dat een radicale breuk forceert ten opzichte van de vormen van het heden en zoiets als een instroom veroorzaakt van futuristische ideeën (in popmuziek bijvoorbeeld de vroege singles van King Tubby, Sex Pistols, 'Acid Trax'.) Daarnaast bestaan kunstwerken die een *inherent* futurisme bezitten. Dit zijn constructies, die zonder te streven naar tijdloosheid, moeilijk door de tijd worden ingehaald, alsof ze de toekomst zijn ingeworpen. Iets in de manier waarop het werk is gevormd blijft wijzen naar een onontgonnen toekomst. Voorbeelden zijn te vinden in de boeken van J.G. Ballard, bepaalde modernistische architectuur, de ontwerpen van Raf Simons en Helmut Lang of jungleplaten rond 1994. In alles ademt *Ex* dit inherente futurisme uit, hoezeer het respectabele museumtechno is die men in de digitale wervelwind eenvoudig uit het oog verliest. Ergens willen we dit ook, zijn we doodsbang om terug te keren naar de toekomst.

# Een baken in duistere tijden

Aphex Twin – Syro (2014)

*Syro*, het eerste album van Aphex Twin in dertien jaar, blijft ondanks zijn olijke oppervlakte zelfs na een straf schema van luisterbeurten grotendeels hermetisch. Dat produceert zowel een onbehagelijk als plezierig gevoel waardoor *Syro* moeiteloos in de rest van zijn oeuvre past. Richard D. James houdt van ongrijpbaarheid, hij cultiveert het. Zo werd de albumtitel door zijn zoontje verzonnen, waarna hij goedkeurend op fora spiekt hoe fans betekenis op het woord projecteren. Dit is een muzikant die de tracks op zijn meest ambitieuze album abstracte foto's meegaf in plaats van titels. Die in interviews een zorgvuldig persona creëert waarbij waarheid en leugen moeilijk zijn te scheiden.

De hoes van *Syro* vormt een volgende stap in dit spel. In eerste instantie lijkt het een nieuw soort openheid te suggereren. De cd-versie kun je een aantal keren uitklappen zodat een lange lijst ontstaat met de promotiekosten van het album. Een nieuwe versie van Scritti Politti's '4 A-Sides' (1979) hoes waarop de productiekosten van de plaat waren afgedrukt als een blauwdruk van DIY voor andere bands. In een soort omkering van het punkideaal demystificeert de uitputtende lijst van Aphex Twin het idee dat professioneel muziek aan de man brengen in 2014 goedkoop zou zijn, een kwestie van gewoon je muziek op Bandcamp zetten, toeren en T-shirts verkopen. En hij is nog niet eens een muzikant die ter promotie optreedt in televisie-programma's of videoclips maakt. De transparantie is verdeeld over vier gebieden. Naast de promotiekosten zijn alle tracks al voorzien van een BPM (beats per minute) waarde tot op twee cijfers achter de komma. Bovendien heeft James zo volledig mogelijk aangegeven welke apparatuur op elk nummer is gebruikt. Zelfs de locaties waar de muziek werd gemaakt (Bedroom, C-Shape, Bank Thin Room, et cetera) zijn aangegeven. Het is informatie die *Syro* maakt tot wat het is en toch wordt de kern er niet mee geraakt, vormt het een lege huls. Materialisme verklaart tot een bepaalde grens. Wat Richard D. James tot Aphex Twin maakt, blijft op deze manier nog steeds onduidelijk. Wat houd je na deze filter over? Laat het genius zijn in de originele betekenis van het woord, voortbrenger in het Latijn, een persoonlijke beschermgeest. Het ongrijpbare dat een individu vormt.

De hoes laat een eerste schijnbeweging zien voordat je goed en wel de cd hebt aangeraakt. Wanneer de laser 64 minuten en 31 seconden later de nullen en enen verlaat, beginnen de hersenen zenuwachtig aan een proces om het voorgaande te kaderen. In eerste instantie klinkt *Syro* als een van de vreemdste acidhouse-platen aller tijden. Niet de acidhouse die na 1992 door Hard-floor, Plastikman en Emmanuel Top vaak op sublieme wijze werd gladgestreken, maar de nerveuze, vrije muziek van de Summer of Love, een maximalisme van bliepjes en roffels. Iro-nisch genoeg is de Roland TB-303—de oermachine van acidhouse—als een van de weinige synthesizers niet terug te vinden op de apparatuurlijst van *Syro*. Aphex Twin presenteert zich op zijn nieuwe werk als een virtuoos, van de synthesizer en van ritme. *Syro* barst uit zijn voegen van details: stemmen, ritmi-sche verrassingen, minuscule details die zich vaak na maanden luisteren openbaren.

Het is instructief om *Syro* naast *Caustic Window* te luisteren, de verloren gewaande LP uit 1994 onder een ander pseudoniem, die eerder in 2014 dankzij een crowdfundingproject openbaar werd gemaakt. In de muziek op *Caustic Window* hoor je de in-bedding in een cultuur die zich destijds op een creatief hoogte-punt bevindt. Het is een open muziek die zelden zijn functione-le gebruik op de dansvloer uit het oog verliest. *Syro* staat los van de tijdgeest. Nu is het altijd lastig om de muziek van James te dateren, aangezien veel van zijn albums compilaties zijn van nummers uit verschillende periodes, maar *Syro* is in eerste instantie duidelijk niet gemaakt voor de dansvloer. Zelfs deze kwalificatie is relatief gezien de vrijheid die Aphex Twin zichzelf gunt wanneer hij als dj optreedt. Dit is immers de man die volgens de legende ooit een vel schuurpapier onder de naald plaatste. Het ontijdige en cerebrale heeft een onmiskenbare charme, maar bezit tegelijkertijd de melancholie van eenzaamheid. Philip Sherburne stelde in een interview gelukkig een essentiële vraag aan James, namelijk of hij zijn dialectische relatie met ravemuziek in de jaren negentig miste:

Yeah, I do, actually. For years, I could listen to jungle and nick things from them, but they didn't know I existed. It was a separate world. But that world doesn't exist anymore. It's all merged into this global Internet world. It's a real shame. I really don't like that. But that's just globalization. It's got good sides as well. But scenes aren't allowed to develop on their own any more. Everyone knows about everything.

The holy grail for a music fan, I think, is to hear music from another planet, which has not been influenced by us whatsoever. Or, even better, from lots of different planets. And the closest we got to that was before the Internet, when people didn't know of each other's existence. Now, that doesn't really happen.

Hiermee verwoordt James waarom *Syro* geen breuk kan veroorzaken. Waarom geen enkele muziek meer een breuk kan forceren in een cultuur die zowel statisch aanvoelt als in continue beweging is. Verandering is een collectief proces en wordt voortgestuwd door componenten die bij voorkeur (tijdelijk) mysterieus blijven. Brian Eno bedacht voor deze "ecologie van ideeën" de term scenius als tegenhanger van het individuele genie (naar het eerder genoemde genius, dat vanuit het Romeinse idee van beschermgeest evolueerde tot een romantische term voor artistieke begaafdheid.) Simon Reynolds omschreef Aphex Twin onlangs als "a genius who surfed the breaking waves of scenius." De hedendaagse oceaan is echter glad, de scenius van rave is gaan liggen. De andere scenes waar Aphex Twin op bewoog—de vroege periode van R&S, de eerste groep Warpmuzikanten, concurrenten als The Orb en Mixmaster Morris, zijn eigen Rephlex-label, jungle—zijn uitgerangeerd, gestopt of geïsoleerde identiteiten geworden die als sterrenstelsels steeds verder uit elkaar bewegen.

Een tweede reflex na beluistering van *Syro* is om de tracks te vergelijken met vorig werk. 'minipops 67 (source field mix)' als opvolger van 'Windowlicker', 's950tx16wasr10 (earth portal mix)' als verfijning van het *Richard D. James* geluid, 'PAPAT4 (pineal mix)'—waarschijnlijk het oudste nummer van het album—als een nieuwe/verloren *Analogue Bubblebath* track. En toch niet helemaal, alles is net uit zijn voegen getrokken, onbestemd. Zelden is een "klinkt als…"-lezing zo door de vingers geglipt als in het geval van *Syro*. Wat het album het beste karakteriseert is een ongegeneerd opgewekte sfeer. Met uitzondering van een paar plagerige, korte ambient introducties die verwijzen naar zijn donkere, ritmeloze tracks uit het verleden, ademt *Syro* een en al vrolijkheid uit. In een uitzonderlijk lang interview met muzikant/onderzoeker David Burraston laat James weten dat deze sfeer bewust is gekozen:

Also like i mention below with tunings, mankind needs as much positive/trippy/awakening/next level non dark thought provoking vibes as possible right now, we are living in a mega dark spiritual age and its 2easy to channel that into our music but I think we have to try really hard to drag ourselves out of it and dream up new mind expanding music & art, thats definitely not boring nu age yawnsville.

De kracht van Aphex Twin lag altijd in het vermogen om met zijn gevoel voor melodie en humor muzikale modellen, op het moment dat ze dreigden te verstenen, weer spannend te laten klinken. De basis van electro en techno wordt als door een ongeduldige whizzkid uit elkaar getrokken en weer in een supergedetailleerd mozaïek samen geplakt. Dat leidt tot talloze ingenieuze momenten, bijvoorbeeld de vreemde verschuiving op [2:22] in 'minipops 67 (source field mix)' waardoor de sfeer achteloos verandert. Op 'CIRCLONT6A (syrobonkus mix)'

wordt een van de grootste clichés van dansmuziek, de break-
down, een smeltende melodie waarna het ritme zich hervindt en
het nummer verder piept als een op hol geslagen jaren tachtig
videogame. De jazztechno uit Detroit is een van die modellen
uit de dansmuziek die compleet in regels is vastgelegd, waar-
binnen bepaalde parameters geen ritmische of melodische variatie wordt toegelaten. 'syro u473t8+e (piezoluminescence mix)'
past in deze jazztechnotraditie maar weigert de formule te volgen, waardoor op [3:30] opeens heerlijke trommeltjes verschijnen die weer net zo snel verdwijnen. Muziek hoeft niet saai en
voorspelbaar te zijn, lijkt Aphex Twin voor te stellen.

Hebben we hiermee een toekomst hervonden? De terugkeer
van Aphex Twin vormde een gebeurtenis waar door velen jarenlang naar is uitgekeken. In interviews heeft James gesugge-
reerd dat hij deze tracks eerst uit zijn systeem wilde verwijderen
en nu verder gaat met een ander soort muziek. In die zin is *Syro*
een soort herinnering: "waar waren we ook alweer gebleven?"
De timing lijkt goed gekozen. Een van zijn oude, melancholieke
pianostukken 'Avril 14th' was prominent aanwezig in Spike
Jonze's *Her* en paste perfect in de sfeer van een semi-
optimistische toekomst vol nieuw te verkennen technologieën
en emoties. De tijden hebben Aphex Twin eindelijk ingehaald
en wachten tegelijkertijd op ferme stappen richting de toe-

komst. *Syro* is een handreiking om die toekomst samen tegemoet te treden.

(Amsterdam, mei 2014 – maart 2015)

Speciale dank: Pieter-Paul Spiertz

Dank voor steun en inspiratie: Justine Winter, Barend Toet, Kodwo Eshun, Vincent Romain, Ludo Maas, Martijn Busink, Jan Hiddink, Marcello Carlin, Lena Friesen, Gerard de Jong, Bas Ickenroth, Alex van der Hulst, Joost Heijthuijsen, Joris Gillet, Herman Nijhuis, Eric van Rees, Guuz Hoogaerts, Theo Ploeg, Jan-Willem Broek, Steve Reid, Joris Talens, Arie Altena, Robin van der Kaa, Patrick Uiterweerd, Bianca Oppelaar en Roos Geerse.

Omar Muñoz Cremers (1971) woont en werkt in Amsterdam